パン生地は生き物だから。イーストの発酵やグルテンの形成が常に進行している中で、生地をこねる、一次発酵、パンチ、成形、最終発酵、焼成…という全工程の各段階を「調整」しながら、パン生地を育てていくのです。

　本書ではご家庭でブーランジェリーのようなおいしいパンを焼くためのテクニックとコツを、伝えられるかぎりお伝えします。パンは生地を見て、触れ、自分で考えながら作らないとおいしくなりません。だから何回も作って、食べて、どんどんクオリティアップしてください！　そうしたらみなさんも、ご家族が笑顔で心待ちにしてくれる「家庭のパン屋」さんになれるはずです。楽しく、生地と対話しながら、パンを作ってください。

エスプリ・ド・ビゴ
藤森二郎

目次

家庭のパン屋さんを目指して。
生地と対話しながら、
楽しく作ってみてください。……… 2

藤森シェフの基本レッスン 僕のパン作りのキーワードは「生地にやさしく」……… 6

1. 「準備」〜生地が心地よい環境は"浴室"……… 7
2. 力を抜いて！リズミカルに楽しく「生地をこねる」……… 8
3. おいしさを生む大事なプロセス、「一次発酵」……… 11
4. 「パンチ」は生地のリフレッシュです ……… 12
5. 「分割」するときは、少し大きめがコツ ……… 12
6. 「ベンチタイム」で生地も作り手もひと息ついて調整を ……… 13
7. 「成形」〜「最終発酵」では生地の状態をよく見ること ……… 13
8. 「焼成」〜焼きたてパンのでき上がり！……… 13

本書のパン作りに使う
おもな材料と道具 ……… 14

この本の使い方 ……… 16

PART 1
フランスパン生地

プティ・バゲット ……… 18

[フランスパン生地でアレンジ]
エピ・ベーコン ……… 26
フガス ……… 28
シャンピニォン ……… 30

[フランスパンの食べ方提案]
カスクルート ……… 32
パン・ペルデュ ……… 34

PART 2
食パン生地

角食パン ……… 38

[食パンバリエーション]
山食パン ……… 44
胚芽食パン ……… 48

[食パン生地でアレンジ]
パン・オ・レ ……… 50
チョコ＆マカダミア ……… 52
パヴェ ……… 54

[パヴェでアレンジ]
パヴェのサンドイッチ ……… 57

PART 3
ブリオッシュ生地

ブリオッシュ・ア・テット ……… 60

[ブリオッシュ生地でアレンジ]
タルト・シュクル ……… 66
ムースリーヌ ……… 66
シャランテーズ ……… 67
ポンポネット ……… 67

[ブリオッシュバリエーション]
クグロフ・サレ ……… 72

[ブリオッシュでアレンジ]
ボストック ……… 76

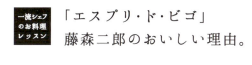

「エスプリ・ド・ビゴ」
藤森二郎のおいしい理由。

パンのきほん、
完全レシピ

世界文化社

家庭のパン屋さんを目指して。
生地と対話しながら、
楽しく作ってみてください。

以前、とあるシェフが次のように言っていました。

「料理人は音楽家、パティシエは画家、ブーランジェは科学者だ」と。これを聞いたときに、なるほど！ と納得してしまったのです。

料理人もパティシエも、どちらも感性を頼りとするいわゆる芸術家肌の仕事。ではブーランジェはといえば、温度や湿度、時間を計算してパンを作り上げるから…たしかに僕らの仕事は科学者ばりです。

でも、そんなプロのブーランジェでも、毎日同じ状態に生地をこね上げて、同じように焼き上げるのは不可能です。なぜなら、

PART 4
クロワッサン生地

| クロワッサン | 80 |

[余ったクロワッサン生地を使って]
| クロッカン | 87 |

[クロワッサン生地でアレンジ]
パン・オ・ショコラ	88
パン・ア・ラ・ソシス	90
ダノワーズ	92
ムーラン	93
スリーズ	94
マロニエ	95
ポム	96
ポワール	98

[クロワッサンでアレンジ]
| クロワッサン・オザマンド | 100 |
| あんクロワッサン | 100 |

PART 5
人気の生地

| パン・ド・カンパーニュ | 102 |

[パン・ド・カンパーニュ生地でアレンジ]
ノワ・レザン	108
フィグ	106
リュスティック	112

[リュスティック生地でアレンジ]
| リュスティック・フリュイ・デ・ボワ | 118 |

パンのおとも
| キャラメルりんごのコンフィチュール | 120 |
| 豚のリエット | 121 |

ブーランジェリーで人気のお菓子
ラスク2種　黒糖ラスク／キャラメル・ラスク	122
シュケット	124
パン・デピス	126

クレーム・ダマンド	35
クレーム・パティシエール	36
本書に出てくるパン作りの言葉	58
フランスの家庭でも作られてきた地方色豊かなパン	78

【レシピの決まりごと】

■ **使用材料について**
小麦粉は使う前にふるい、2種類の小麦粉を使う場合には合わせてふるいます。卵はMサイズ（1個約60g）を、とくに明記がない場合はバターは食塩不使用のもの、砂糖は上白糖を使用。EVオリーブ油はエクストラ・ヴァージン・オリーブ油のことです。使用したフルーツやナッツの分量は、季節や商品により大きさなどが異なるため、目安としてください。手粉はすべて分量外です。必要に応じて使ってください。

■ **家庭にある道具を使いました**
本書のパンは、すべて家庭にある、または一般に購入できる範囲の道具で作りました。

■ **家庭用オーブンで焼きました**
本書のパンはすべて家庭用のオーブンで焼成し、その焼成温度と時間を掲載しています。オーブンは機種や性能によって差があるため、焼成温度と時間はあくまで目安とし、焼き色などを見て焼き上がりを判断してください。特に表記がない限り、オーブンは焼成温度よりも20℃高く予熱し、さらに高温に予熱する場合は「準備」の項に明記しました。発酵時間、ベンチタイムなどもすべて目安です。

■ **焼いたあとのパンは**
食べきれないパンは冷凍保存をおすすめします。僕はアルミホイルで一枚ずつ包み、焼き戻す際は冷凍庫から出してアルミホイルで包んだまま焼いています。アルミホイルに包まない場合は、霧吹きで水分を与えてから焼くとさくさくの食感になります。

藤森シェフの基本レッスン

僕のパン作りのキーワードは「生地にやさしく」

パンはどうやってできるのでしょうか。ここでは工程の流れに沿って説明していきます。パン生地がどのように変化していくかを知ると、作り方の意味やコツがよくわかります。

パンのおもな材料は、小麦粉、イースト、水。小麦粉に水を加えてこねると、小麦粉に含まれるたんぱく質と水分が結合し、グルテンという柔軟な細かい網目状の組織が形成されます。よく**グルテンはパン生地の「骨格」といわれ、小麦粉に含まれるでんぷんが骨格の間を埋めて「壁」を作ります。**

一方、イーストも水と一緒になり、発酵をはじめます。イーストは発酵すると、炭酸ガスとアルコールや有機酸を発生させます。**炭酸ガスは生地を膨らませ、アルコールや有機酸はパンの香りや風味といったおいしさのもとになります。**

炭酸ガスはどんどん発生し、グルテンの柔軟な骨格をもつ生地を風船のように膨らませます。**そして、最後の焼成工程でグルテンとでんぷんは高温で焼き固まり、生地とは違う強度が生まれてパンの形を維持します。**

パン作りには、料理ともお菓子とも違う独特の工程やポイントがたくさんあります。それはなぜかといえば、**パン生地はイーストとともに"生きている"からです。**粉にイーストを加え、水を加えてこねはじめたら、あとは待ったなし。生地はこねている最中も、発酵中も、成形中も、とにかく焼き上がるまでずっと活動を続け、1分たりとも同じ状態ではありえません。

だから、**パン作りで大切なのは、いつも生地の状態を気にしてあげること。僕のパン作りの根底にあるのは「生地にやさしく」です。**おいしいパンを作ろうと思ったら、"生地の気持ち"を考えてください。人間と同じですね（笑）。

作り方の流れ

1. 準備
2. 生地をこねる
3. 一次発酵
4. パンチ
5. 分割
6. ベンチタイム
7. 成形〜最終発酵
8. 焼成

焼きたてパンのでき上がり！

1 「準備」～生地が心地よい環境は"浴室"

パンを作るときの室内の環境は、全工程を通して**温度は28～30℃、湿度は60～75％くらいが理想的**。この温度と湿度は暑くてじめじめした梅雨どきや浴室のようなもの、と覚えておきましょう。人間にとっては快適な環境でありませんが、生地は温度が低いとよく発酵せず、湿度が低いと乾いてしまいますので、作る日の天気や湿度によってエアコンなどで調節しましょう。なお、**例外的にバターが含まれている生地をこねるときは、涼しく、バターが溶け出さない温度が理想です。**いずれも乾燥は大敵。生地にエアコンの風がじかにあたると乾燥するので注意してくださいね。

こねる前に「混ぜる」

小麦粉をボウルにふるい入れ、他の材料も入れたら、ゴムべらで軽く混ぜます。これは水を加える前にむらが出ないように行います。

　水や牛乳などの液体を入れるときは、粉の中央を少しくぼませたところに入れ、ゴムべらで手早く混ぜます。水分を粉全体に行きわたらせる工程なので、こねずに軽く混ぜ合わせればOK。粉に水分が吸われたところで、生地を作業台に出します。

1 粉は必ずふるいます。小麦粉は袋に入れておくと湿気と、粒と粒の間の空気が少なくなって固まった状態に。それをふるうことで、粉に空気を入れてほぐします。2種類の小麦粉を使う場合は合わせてふるうこと。

2 粉とその他の材料をボウルに入れます。塩はイーストの働きを妨げるので、なるべくイーストから離してボウルに入れてください。

3 むらなくゴムべらで混ぜます。

4 液体（水や牛乳、卵など）を加えて混ぜます。はじめは小さい円を描くように混ぜ、だんだん大きな円になるように混ぜてください。

5 まだ表面は粉っぽく、ところどころに塊ができはじめたところで作業台に出します。

6 生地をもむようにしてまとめると、すぐにひとつにまとまってきます。ここで練らないこと。

2 力を抜いて！リズミカルに楽しく「生地をこねる」

ここからがこねる工程です。日本ではうどんなどをこねるイメージから、パンもとにかく力強くこねると思われがちですが、**僕はこね方も生地にやさしくしたい。基本的に下記の2通りで**、本書のパンもこれら2つのこね方で作りました。こね前半の生地がベタつく段階と、こね後半の生地が台につかなくなってからでこね方を変えます。

なお、本書では粉500g以下の分量を手でこねていますが、この程度の量ならば**卓上ミキサーより手ごねのほうが確実にいい生地ができます**。卓上ミキサーを使う場合は、量が少ないと生地に対してミキサーの力が強くかかりすぎるので、こねすぎに注意してください。

SPECIAL LESSON

2種類の こね方

2つのこね方の違いは、**生地がベタつく段階（こね方Ⓐ）と生地がだいぶまとまって台につかなくなった段階（こね方Ⓑ）**です。どちらも力強くぎゅうぎゅうこねるのはNG。特に準強力粉を使う生地の場合は、力を入れてこねず、手首のスナップと生地自体の重みを利用する程度のこね方です。力は不要、リズミカルに楽しくこねてください！

生地がまだベタつく段階　こね方Ⓐ

生地が柔らかくベタつくので両手の指先を使います。はじめはベタベタしていた生地が、グルテンが形成されるにしたがって作業台につきにくくなります。

1

両手の指先で、生地の両側をつまみ持つ。

生地がベタつくので、手に生地が無駄につかないように指先でつまみ持つ。こうすると体温が伝わりにくいので、生地の温度が上がるのを防ぐこともできる。

2

ひじの高さまで持ち上げる。

作業台から20cmほど、自分のひじくらいの高さまで持ち上げる。

3

作業台に軽く叩きつけて、手前を持ち上げる。

作業台に軽く叩きつけます。バシン！と投げつけるのはNG。ペタンと台に落とすくらいの強さで。その勢いで手前を少し持ち上げる。

4

そのまま向こう側に折りたたむ。

そのまま向こう側に折りたたむ。この後**1**に戻るが、毎回生地の赤い印のところを持つと、自然に生地の向きが変わって均一にこねられる。

> **共通ポイント！**
> ◉ 常に生地の向きを変えながら、まんべんなく均一にこねることを意識する！
> ◉ 力を入れすぎない。生地をいじめるのではなく「育ててあげる」つもりでこねる！

生地がだいぶまとまった段階 こね方 B

グルテンが形成されて生地がまとまり、作業台につかなくなってきたら、「こね方A」より少し力を強くしてグルテンのコシを強くします。基本的には片手を使って、このこね方で生地が手にも台にもつかなくなるまでこねます。こね上がりは生地の表面がなめらかになり、つやも出ます。

1
左手の指先で、生地の手前の端をつまみ持つ。

生地の温度を上げないようにするため、なるべく指先でつかむ。

2
ひじの高さまで持ち上げる。

作業台から20cmほど、自分のひじくらいの高さまで、少し勢いをつけて持ち上げる。

3
作業台に叩きつける。

叩きつけることによって、グルテンのつながりを強くする。「こね方A」よりは叩きつける力を強くするが、ものすごく力を入れて叩きつける必要はない。手首のスナップを上から下にきかせる程度の力加減で。

4
そのまま向こう側に折りたたむ。

向こう側に放るようにして折りたたむ。3できかせた手首のスナップを、上にもどすようにすると動きがスムーズ。

5
右手を添えて生地の向きを変える。

均一にこねられるように右手で生地の向きを変え、1に戻る。生地の向きの変え方に決まりはないが、目安としておよそ90度くらいずつ変えていけばいい。

こね上がりは
生地を引っ張ってチェック！

生地が台にも手にもつかなくなり、表面がなめらかになり、つやも出たらこね上がり。きちんとこね上がっているかの確認は、生地の端を両手で引っ張ってみてください。切れずに薄くのびて、のびた生地がでこぼこせずになめらかなら、グルテンがしっかり形成されているのでこね上がりです。ただし、準強力粉と強力粉ではグルテンの強さが違うため、生地ののび方には若干の差があります。

こねるときの小さなコツ

コツ1　「こねすぎ」よりも「こね足りないかな？」がいい

生地はこねることによってグルテンが形成されますが、グルテンはこの後の一次発酵でも時間とともにさらにつながります。だから、こねるときにはグルテンを完全に形成しなくてもよい、というのが僕の考え。時間をかけてこねすぎてしまうよりも、こね足りないかな？くらいの適度さがよい加減です。

コツ2　手についた生地は、早い段階で混ぜ込んで！

こねるときには必ず手に生地がくっつきます。その生地はまだベトついているうちにこすってはがし、生地に混ぜ込んでください。乾いて固くなってから混ぜると、生地の中で塊として残ってしまいます。混ぜ込むときは、生地を広げて手からはがした生地をのせ、生地で包んでからさらにこねます。

コツ3　手粉の使いすぎに注意しましょう

手粉（→p.15）は生地をこねたり、成形したりするときに使います。手粉をふったほうが生地が扱いやすくなるので適度な量は使うべきですが、ふった粉はどんどん生地に練り込まれることになるので、必要以上に使わないほうがいいです。材料と同じ小麦粉を使ってください。

生地にバターを入れる場合

ブリオッシュのように生地にバターを加えるときは、バターはグルテンの形成を妨げるため、ある程度こねてグルテンが形成されてからがよいですよ。

目安は生地が作業台につかなくなり、手にはまだくっつくタイミングです。こね終わりが10だとするなら、6割がたこねたところ。これ以上こねてから加えると、今度はグルテンが強くなり生地に弾力があるため、バターがなかなか混ざらなくなるのです。

また、バターが冷たく固いと生地になかなか練り込めません。でも、柔らかすぎても生地のダレにつながるので、室温にしばらくおいて、生地よりも少し（2〜3℃）冷たいくらいがベストです。

バターは指で無理なく押せる固さが目安。

バターをちぎって生地の上にのせ、生地でバターを包んでからこねる。

こね上げ温度で、生地への接し方が変わります

生地のこね上げ温度は必ず計ります。プロはパンの種類によってこね上げ温度を設定しますが、本書ではわかりやすいように基本的に「25℃」とします（一部例外の場合は温度を明記）。==この温度がよいとか悪いという意味ではなく、こね上げ温度をベストの温度として基準にし、これ以降の工程を調節する目安にします。==

なお、パン作りに慣れてくると、その日の気温などを考慮して先読みし、==こね上げ温度が高く、または低くなりすぎないよう準備できるようになります。こね上げ温度が高くなりそうな場合は、前日から小麦粉を冷蔵庫に入れて冷やしておくとよいです。==冷水や氷水を使うのは生地がダレる原因になるのでおすすめしません。==逆にこね上げ温度が低くなることが予想されるなら、室温を高めにします。==

特にフランスパンやパン・ド・カンパーニュのような砂糖を入れない生地は、こね上げ温度が1℃違ってもその後の発酵状態に大きく差がでます。==家庭でも一歩プロ寄りのパン作りをめざすのなら、こね上げ温度を大切にしてください。==

25℃より高い場合

一次発酵の時間を短くし、パンチは軽めにする。

25℃

25℃より低い場合

一次発酵の時間を長めにし、パンチは強めにする。

---

3 おいしさを生む大事なプロセス、「一次発酵」

一次発酵はパン作りのなかでもっとも大切な工程です。ただ膨らませるだけならばイーストの量を増やせば時間短縮できますが、それではおいしさは生まれません。なるべく少ないイーストでゆっくり発酵をとることが、おいしさを生むカギなんですね。

==この時間で、生地の中のイーストがいきいき活動し、発酵の前半には炭酸ガスを発生させて生地を膨らませ、後半にはパンのおいしさのもととなるアルコールや有機酸を発生させます。また、こねる工程で形成されたグルテンも時間とともにつながりがよくなり、柔軟性が増します。==

生地の形を丸く整え、とじ目を下にしてボウルに入れる。ポリシートに手粉をふり、粉をふった面を下にしてボウルにふわりとかけ、暖かい所で一次発酵をとる。冒頭にも説明したように、生地に乾燥は大敵。表面が乾燥すると皮のように張り、生地が膨らめなくなる。ボウルにポリシートをかける際、生地について膨らむ力を押さえつけないように必ずふわりとかける。

発酵環境をキープするには

発酵は温度28〜30℃、湿度60〜75％の環境が理想だが、家庭ではなかなか難しいはず。オーブンに発酵モードがある場合はそれを用いる。また、本書では保温バッグを使って発酵に適した環境を作っている（➡p.15）。温度と湿度さえキープできれば、他の方法でもよい。

4 「パンチ」は生地のリフレッシュです

パンチの目的は**発酵中に発生した炭酸ガスを抜き、新しい空気に入れかえてイーストの活動をリフレッシュさせることです。同時に生地中の気泡も均一になります。**

炭酸ガスは抜きたいのですが、おいしさのもとになる香気成分やアルコールはなるべく逃がしたくないので、まず生地を両手で押してガスを抜き、その後は折りたたんで香気成分やアルコールがそれ以上抜けないようにしながらガスを抜くのがポイント。パンチの強さはパンの種類や状態によって変えます。パンの種類によってパンチしないものもあります。

一次発酵終了の目安は指穴テスト！

生地が再び1.5倍の大きさに膨らめば、一次発酵終了。時間だけでなく、生地の膨らみを見て判断してください。また、よく行われるのが指穴テスト。人さし指に手粉をつけ、生地にさし入れて抜きます。穴がそのまま残れば発酵はいい状態。もし穴が元に戻ろうとするなら、まだ発酵が不足しているのでもう少し発酵を続けます。逆に穴がしぼんでしまうようならば、発酵のとりすぎです。

一次発酵の途中、生地が1.5倍に膨らんだのを目安にパンチする。ボウルを逆さにして生地を台に出し、両手で軽く押して生地中のガスを抜く。

四方から折りたたみ再度きれいに丸めてボウルに戻す。パンチすると生地は発酵前の大きさに戻る。ボウルにポリシートをふわりとかけ一次発酵を続ける。

5 「分割」するときは、少し大きめがコツ

生地は触れば触るほどコシがついてしまいます。だから分割のときもやさしく丁寧に扱い、むやみにカットせずに、なるべく少ない数で分割するようにします。分割の間も発酵は進んでいるので、手早く。

分割のときに、決まったグラム数を一度でカットするのはプロでも難しいもの。**コツは、少し大きめに見当をつけて分割し、多い分を切りとっていくといいでしょう。少なめに分割して足りない分の生地を何回もつけ足すと、生地がボコボコしてしまい、このあとで形を整えるのが大変になります。**

カードを使って大きめに分割し、そこから生地を引いて重さを調整する。左がよい例、右のようだと形を整えるのが大変になる。分割した生地は、きれいな面が外側になるようにしながら、成形する形に近い形にまとめる。とじ目を下にし、手粉を薄くふったバットに間隔をあけて入れる。

一次発酵が終了した生地は、**ボウルを逆さにして作業台に出すのがポイント。**こうするとボウルの底面だったほうが上になります。両手で軽く押してガスを抜いたら、上になっている面を包み込むようにして分割しやすい形に整えます。つまり発酵時のきれいな上面が表面になります。

6 「ベンチタイム」で生地も作り手もひと息ついて調整を

ベンチタイムは分割した生地をちょっと休ませてあげる時間であり、生地の調整ができるプロセスです。パン生地はいろいろなことに影響を受け、毎回発酵の状態が違うもの。ベンチタイムはここまでの工程のこねすぎやこね不足、発酵しすぎ、発酵不足の調整をする時間でもあるのです。仮に生地のこね上げ温度が高かったとしても、発酵時間が多少前後しても、ここで帳尻を合わせることができます。これがパン作りの面白いところであり、経験が必要なところですね。パン作りに慣れてきたら、生地の状態を見極めて、ベンチタイムは20分を基準にして調整してください。

バットなどに間隔をあけて並べる。この上に手粉をふったポリシートをふわりとかけ、暖かい所でベンチタイムをとる。

生地のハリ(コシ)が強い場合は?
→ ベンチタイムを長めにして生地をゆるめてから成形へ。

生地が少しダレぎみ(弱い)の場合は?
→ ベンチタイムを短めにして早めに成形に進む。

7 「成形」～「最終発酵」では生地の状態をよく見ること

各パンによって成形し、天板か布の上に間隔をあけて並べること。この上に手粉をふったポリシートをふわりとかけ、暖かい所で最終発酵をとる。

成形している間も発酵は進むので、手早く作業して最終発酵をとります。2倍ほどの大きさに膨らむのが最終発酵終了の目安です。時間だけでなく、必ず生地の状態を見て確認してください。生地の中では香気成分やアルコールが充満してうまみを増しているはずです。

8 「焼成」～焼きたてパンのでき上がり!

焼成温度に予熱したオーブンに入れて焼きます。予熱は基本的に焼成温度と同じに設定しますが、一部特に高温で焼きたいパンの場合は、焼成温度よりも高く予熱する場合もあります。家庭によってお使いのオーブンのくせがありますから、慣れるまでは表記してある温度と時間を設定して、状態を見ながら焼いてください。ただし一度オーブンに入れたら、なるべく扉を開けないこと。開けるたびに庫内の温度が大きく下がるのでよくありません。

焼き上がったパンは、天板にのせて置かず、すぐにクーラーにのせて冷まします。焼き上がってからですが、僕は粗熱が取れたころが一番おいしいと思います。パンがまだ温かいと、水分が飛んでおらず、香りがわかりませんからね。しっかり熱が取れたら、適当な紙袋や布袋などに入れましょう。

塗り卵で、よい焼き色に

焼成前に焼き色とつや出しのために、溶き卵を塗る場合があります。本書では基本的に全卵を溶いていますが、「ダノワーズ」の類(→p.92～99)だけは特に焼き色をよくするために、卵黄2対水1で溶いています。生地に塗るときは、刷毛で1度塗った後に1分ほどおいてだいたい乾かし、さらにもう一度塗ってください。家庭用のオーブンは火力が弱くいい焼き色になりにくいので、2度塗りすることによりまちがいなくよい焼き色がつくようにしています。よく膨らんだ生地をしぼませないように、やさしく塗ります。

本書のパン作りに使う おもな材料と道具

材料

【小麦粉】

強力粉
グルテンの強い力を利用して生地を膨らませたいパンなどには、強力粉を使います。「スーパーカメリヤ」を使用。

準強力粉
グルテンのヒキをあまり強くしたくないパンや、**強力粉ほどはグルテンの力を必要としないパン**には、準強力粉を使います。本書ではもっとも多くのパンに使っています。「リスドオル」を使用。

中力粉
準強力粉と同様に**グルテンのヒキをあまり強くしたくないパン**に使います。本書ではパン・ド・カンパーニュとリュスティックに使っています。フランス現地の味と香りに近づけるため、フランス産小麦100％の「テロワール ピュール」を使用。

※使用した小麦粉はすべて日清製粉の製品。

粉選びのヒント！

各パンの材料表には、使用した小麦粉の製品名も記しています。本書で使用した小麦粉とは別のものを使う場合は、「粗タンパク」と「灰分」が近いものを選ぶといいでしょう。粗タンパクは数値が高いほど、グルテンが強くなります。灰分は多いほど風味が増します。

	粗タンパク	灰分
スーパーカメリヤ	11.5 %	0.33 %
リスドオル	10.7 %	0.45 %
テロワール ピュール	9.5 %	0.53 %

【インスタントドライイースト】

予備発酵が不要なインスタントドライイーストを使用。小麦粉にそのまま混ぜて使うことができます。本書ではすべてサフ社の「赤」を使用。糖分が入らないフランスパンから食パンまでオールマイティに使えます。

【モルトシロップ】

イーストの働きを活性化し、生地に焼き色をきれいにつける効果があるため、砂糖を入れないハード系のパンに加えます。モルトシロップを入れなくてもパンは作れますが、家庭用のオーブンは火力が弱く焼き色がつきにくいので、ブーランジェリーのようなおいしそうな焼き色をつけるためには入れたほうがいいでしょう。粘りのある水飴状なので、水を分量のうちから少量加えてのばし、扱いやすくして使います。

【塩】

味のために加えるだけでなく、生地をひき締める効果があります。少量なのでどんな塩を使ってもかまいませんが、しっとりしていると均一に混ざりにくいので、さらさらとした塩をおすすめします。

【砂糖】

甘みをつけ、イーストの活動を促進します。焼き色もつきやすくなります。入れる量はそれほど多くないので、上白糖やグラニュー糖はもちろん、三温糖やきび砂糖でもOK。ふだん使っている砂糖を使ってください。

【バター】

バターを加えると生地ののびがよくなり、つやが出て、しっとりとなめらかな生地になります。もちろん香ばしい風味やうまみも出ます。食塩不使用のものを使います。

【水】

ふつうの水道水を使います。浄水器で硬水か軟水を選べる場合は、硬水のほうが発酵が安定します。

道具

【オーブン】
本書のパンはすべて家庭用オーブンで焼成しました（天板の大きさは41cm×29cm）。**オーブンによって火の回り方にはくせがあるので、必要に応じて焼成途中で天板の向きを変えるなどしてください。**
　本書ではスチームが必要なフランスパン生地（→p.18～31）、パン・ド・カンパーニュ生地（→p.102～111）、リュスティック生地（→p.112～119）などを焼くときには、**バットに熱湯をたっぷり張って下段に入れて予熱しておき、バットを入れたまま生地を焼成しています。**家庭用とプロのオーブンの一番大きな差はスチーム機能ですが、この方法なら庫内にスチームが充満していい焼き上がりになります。その際バットはほうろうなど耐熱性のもので。

【作業台】
生地をこねるときや分割、成形は台上で行います。狭いと作業しにくいので、幅50cm×奥行40cmくらいのスペースは欲しいところ。木製の台が一番おすすめですが、家庭ではテーブルやキッチンにアクリルシートなどを敷いてもかまいません。ステンレスや大理石の台は生地を冷やしてしまうので、クロワッサン生地のバター折り込みと成形のとき以外は使わないほうがいいでしょう。

【ボウル／バット】

ボウルは、はじめに小麦粉と水分を混ぜるときと、一次発酵に使います。本書は粉500gの生地が基本なので、直径25cmのボウルが使いやすいです。バットは生地を休ませたりするときにあると便利。本書ではオーブンにスチームを入れるため（上記）にも使用。

【温度計／はかり】

生地のこね上げ温度を計ります。計測が速くて正確なので、デジタル計が便利。はかりは、計量はもちろん、分割した生地の重さを量ります。やはりデジタル計がおすすめです。

【カード】
生地を分割するときに使います。ボウルや台にくっついた生地をきれいにはがしとるときにも使えます。

【保温バッグ】

一次発酵、ベンチタイム、最終発酵の温度と湿度を保つために、ケーキ用の**保冷バッグを「保温」**バッグとして使っています。サイズはボウルやバットが入る大きめのものを。生地を入れたボウルやバットを入れ、横にぬるま湯を入れた500ml容量の耐熱ペットボトルを2本入れて保温します。

【ポリシート】
一次発酵、ベンチタイム、最終発酵のときには、生地の表面が乾燥しないようにポリシートをかけます。ポリシートには手粉を軽くふり、その面を下にしてかけます。ただし、生地にポリシートがつくと膨らみを押さえつけてしまうので、ボウルやバット、天板などにふわりとかぶせてください。ポリシートは厚手のビニール袋を切り開いて用意しましょう。

【布】

一部の生地は成形後に布の上に並べて最終発酵をとります。丈夫で布目が細かいキャンバス布が最適ですが、ふつうの布巾でもかまいません。布目が粗い場合は生地がくっつきやすいので、手粉を多めにふってから生地を並べてください。

【クープナイフ】

プティ・バゲットやパン・ド・カンパーニュの焼成前にクープを入れるときに使用。クープを入れると、焼成中にそこから割れて生地がよく膨らみ、皮も生地も薄くのびて軽い食感の焼き上がりになります。パン専用のクープナイフが販売されていますが、カミソリの替刃を使ってもいいです。

手粉
台で生地をこねたり、成形したりするときに、生地がくっつかないようにするためにふって使います。ベンチタイムで使うバットや最終発酵に使う布の上、焼成前などにもふります。生地の材料と同じ小麦粉を使いますが、小麦粉を2種類使う場合には強力粉でも準強力粉でもどちらでもOK。多く使いすぎはよくないので、適度な量を使いましょう。

この本の使い方

きちんとおいしく作るために、本書レシピの使いこなし方をご紹介します。

パンのでき上がり例です。パンの焼き色や質感など、この写真の状態を目指しましょう。パンの大きさや型のサイズはそれぞれのレシピページに表記しています。

パンの由来やおいしさのポイント、シェフの考え、作るときのコツ、食べ方提案などを、シェフの言葉でお教えします。とくに大切なところには黄色いマーカーを引いてありますので、ぜひ注意してご覧ください。

材料表と、特にアドバイスがある材料について、シェフからのコメントをまとめて紹介しています。また、作りはじめる前に必要な準備と道具も明記しました。

パンを作る手順と、発酵の時間、温度などを工程別に明記しました。作り始める前にこの流れを読むことで、パン作りにかかる時間や段取りを把握することができます。

作り方は写真の下に書かれており、大きく3ステップに分かれています。まず、黄色いマーカーを引いた見出しを追うだけで全容がわかります。次に、見出しの下により細かく解説しています。そしてその下のふき出しマークの中には、茶色い文字でシェフからのアドバイスやコメントがあります。普段、レシピには書かれていない大切なことがたくさん載っていますので、ぜひお役立てください。

作り方では語り尽くせなかったもっと深いコツやバリエーションが広がるアイディア、ちょっとしたポイントなどを、まとめてご紹介しています。

PART 1

フランスパン
生地

いちばんシンプルな材料で作る、

自宅で焼いてみたい憧れのパン。

シェフいわく、ブーランジェの心意気が試されるのが

フランスパン生地だとか。

藤森シェフは驚くほど軽いタッチで生地をこねていきます。

まずは肩の力を抜いてスタート。

家庭用オーブンの大きさに合わせて
長さ40cmのプティ・サイズで焼きます。

プティ・バゲット
Petite baguette

デリケートな生地をていねいに扱います。

フランスパンの本当の名前は「パン・トラディショネル」。フランスで昔から愛されてきた伝統的な食事パンなので、僕は日本の"白いごはん"みたいな存在だと思っています。炊きたてごはんがそうであるように、小麦粉、イースト、水、塩といったごくシンプルな材料だけで作るからこそ、毎日食べても飽きることのないおいしさが生まれるのです。

==材料がシンプルということは、パン生地としてはデリケート。こね方や温度などの影響を受けやすいので、特に生地の状態をよくみながら作らなければなりません。==

小麦の風味、歯切れ、カリッとした皮。

フランスパンを「家庭でもおいしく焼きたい！」いう人は多いのではないでしょうか。そのためのコツは山ほどありますが、==小麦の風味を出す、歯切れを軽くする、皮をカリッとさせる、という3点をクリアしましょう。==生地の風味は時間をかけて発酵をとることによって醸成されます。材料には最少限のイーストしか入れませんので、発酵に適した環境で、ゆっくりと発酵させてください。次に歯切れを軽くするためには、こねる工程がカギ。パンの骨格を作るのはグルテンですが、このグルテンを形成しすぎるとコシが強くなりすぎて、フランスパンらしい軽さがなくなります。パンは力を入れてこねるという先入観は捨てて、ちょっとやさしくこねてみてください。最後に、カリッとした皮にするには、強い熱で生地の中のガスを一気に膨張させ、同時にスチームで生地の表面を保湿して、よくのびるようにすることが大切です。オーブンは最高温度に予熱し、p.15で紹介した方法で庫内にスチームを充満させてください。さあ作ってみましょう！

材料
(生地のでき上がり約850g分：プティ・バゲット2本、エピ・ベーコン1本、フガス1枚、シャンピニョン2個)

準強力粉(リスドオル) …… 500g
インスタントドライイースト …… 3g
モルトシロップ …… 1g
水 …… 335g
塩 …… 10g

粉は、生地に強いコシがつきすぎないほうがいいので、準強力粉を使います。この分量で作ると、上記のようにプティ・バゲット2本、エピ・ベーコン2本（→p.26）、フガス1枚（→p.28）、シャンピニョン2個（→p.30）を作ることができます。これらの工程の流れはp.25のChef's voiceを参照してください。

準備
- バットに熱湯をたっぷりと張ってオーブンの下段に入れ、予熱する。
- 予熱温度はオーブンの最高温度に設定する。

特に用意するもの
布（最終発酵に使用）、とり板（下敷きなどを40cm×15cmくらいに切って用意する）、茶こし、クープナイフ

作り方の流れ

生地をこねる
 こね上げ温度 25℃

▼

一次発酵
🕐 2時間30分
（1時間30分 ➡ パンチ ➡ 1時間）

▼

分割
210g

▼

ベンチタイム
🕐 20分

▼

成形
長さ40cmの棒状

▼

最終発酵
🕐 1時間

▼

焼成
粉をふり、クープを入れる
 250℃ 🕐 30分
（スチームあり）

プティ・バゲットの作り方

1 モルトシロップを水で溶く。

モルトシロップに分量のうちから少量の水を入れ、指で混ぜて溶く。

モルトは粘りがあるため、あらかじめ水で溶いて、液状にのばします。

2 粉にモルトを加える。

ボウルに小麦粉をふるい入れ、ドライイーストも入れる。ここに１のモルトも加える。

塩はまだ加えません。イーストと直接触れると働きを妨げるので、材料がシンプルでデリケートな生地では、生地を少しこねてから加えたほうが安全です。

3 水を加える。

粉の中央を少しくぼませ、ここに水を一度に加える。

4 ゴムべらで混ぜる。

ゴムべらで全体を混ぜる。

水を入れた中央から混ぜ、ダマができないように手早く外側の粉を混ぜ込みます。まずは小麦粉全体に水を行きわたらせる工程です。余計なグルテンを形成したくないので練らないように。

5 台に出す。

小麦粉に水が行きわたり、一部が塊になりはじめたら、台に出す。

ところどころ塊ができはじめている状態。まだほろほろした状態でかまいません。

6 こねる。ひと塊にする。

全体を手で大きくもみ込んで、ひとつにまとめる。

軽くもむとすぐにまとまります。練らないでください。

7 軽く台に叩きつける。

両手の指先で生地の両側をつまんで持ち、台に叩きつける。「こね方Ⓐ」(→p.8) で。

叩きつけるといっても、力はほとんど入れません。台にペタンと落とすくらいの力加減。力を入れずにこねても必要なグルテンはきちんと形成されます。

8 向こう側に折りたたむ。

叩きつけたら、そのまま向こう側に折りたたむ。7〜8をくり返す。

こねるというよりも、粉にさらに水分を吸わせるように行きわたらせ、乾いている部分をなくしている段階だと思ってください。

9 塩を入れるタイミング。

生地は台につかなくなったが、手にはまだベタベタとつく段階で、塩を入れる。

これでだいたい6割ほどこねた段階。塩はこれ以上こねてグルテンが形成されてから加えると生地に混ざりにくいです。

10 生地を広げて塩をのせる。

生地を広げ、塩をのせる。

11 塩を包み込む。

生地で塩を包み込む。

こうすると塩が台に散らばらず、きれいにこね続けられます。

12 同様にこねる。

7〜8と同様にしてこねる。

塩が生地全体に拡散し、まんべんなく混ざります。

13 8割こねたら、こね方を変える。

表面がだいぶなめらかになり生地らしくなったが、まだ手にはくっつく段階。ここからこね方を「こね方Ⓑ」(→p.9) に変える。

これが8割ほどこねた段階です。最後にグルテンを強化するために、ここからこね方を変えます。

14 生地を持ち上げる。

片方の手で生地の手前の端をつまみ、ひじの高さまで持ち上げる。

15 軽く台に叩きつける。

そのまま手首のスナップをきかせ、台に軽く叩きつける。

少し力を強くしますが、それでも手首のスナップ程度で十分。強い力でこねてグルテンが強くなりすぎると、フランスパンらしい軽さがなくなります。

p.22に続く

プティ・バゲットの作り方

16 向こう側に折りたたむ。

そのまま向こう側に折りたたむ。同時に、右手で生地の向きを変え、14〜16をくり返してこねる。生地が手につかず、なめらかでつやがでたらこね上がり。

> 生地の向きを変えながら、均一にこねることを忘れないでください。

17 こね上がりを確認。

生地の端を両手で引っ張ると、ある程度までのびてから切れる状態。

> フランスパンの場合は完全にこねてグルテンを強く形成せず、生地の膜がある程度のびて切れるくらいのタイミングで止めるように意識してください。

18 きれいに丸くする。

表面がきれいでなめらかになるように、丸く形を整える。

> 両手で生地を上から下部中心へと送るようにしながら丸くします。こうすると表面がきれいに張り、下部中心にとじ目ができます。

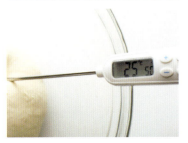

19 こね上げ温度を計る。

はじめに使ったボウルにとじ目を下にして入れる。こね上げ温度を計る。

> こね上げ温度は25℃が理想的です。

20 一次発酵を計2時間30分とる。

ボウルに手粉をふったポリシートをふわりとかけ、暖かい所で一次発酵を2時間30分とる。

> イーストがしっかりと活動するように、暖かく湿度がある環境で発酵をとってください。

21 途中1時間30分でパンチする。

途中1時間30分たったら、パンチのためにボウルを逆さにして、生地を出す。

> ボウルの底を見ると、生地にはいくつも気泡ができています。これがきちんと発酵して炭酸ガスが発生している証拠です。

22 台に出す。

ボウルから出すと生地の底側が上になるので、このままの状態でパンチをする。

> 生地からは今まさにパンが育ちつつあるいい香りがしますよ！ぜひ香りを嗅いでみてください。この香りを逃さないようにうまくパンチしましょう。

23 ガスを抜く。

台に出したときの上面を包み込むように、生地をくるりと巻いたら、両手でごく軽く押してガスを抜く。

> フランスパンはデリケートな生地なので、やさしくパンチします。

24 きれいに丸くする。

表面がきれいになめらかになるように丸くする。

> ガスは適度に抜きますが、おいしさのもとになる香気成分やアルコールはなるべく逃がしたくないので、ガスを抜いた後すぐにまた生地を丸く包み込みます。

25 さらに1時間発酵をとる。
ボウルにとじ目を下にして戻し入れ、ポリシートをふわりとかける。さらに1時間の発酵をとる。

このときの生地は、中に充満していたガスを抜いたので、発酵前とほぼ同じ大きさに戻ります。

26 一次発酵終了。
一次発酵が終了。

発酵前の1.5倍の大きさになるのが目安です。

27 指穴テストで発酵状態を確認。
人さし指に手粉をつけ、生地にさし入れてすぐに抜き出す。

よい状態で発酵しているかどうかを確認しましょう。

28 穴が維持されているよい状態。
穴がそのまま残れば、よい発酵状態。

もし穴が元の状態に戻ろうとするなら、まだ発酵が足りないので、もう少し発酵時間をのばしてください。逆に生地がしぼむように落ち込んだら、それは発酵しすぎです。

29 折りたたんで軽くガスを抜く。
ボウルを逆さにして、生地を台に出す。そのまま包むようにしてきれいな面が表面にくるように形を整えながら、両手で軽く押して適度にガスを抜く。

30 分割しやすい形に整える。
分割しやすいように、おおまかに枕形にする。

生地を扱う手はやさしく。いじりすぎてガスを抜きすぎないように気をつけてください。

31 210gに分割する。
カードとはかりを使い、生地を端から210gに2個分割する。

残りの生地は「エピ・ベーコン」用と「フガス」用に各120g×各1個、「シャンピニオン」用に70g×2個を分割します。余りもシャンピニオンで使います。

32 枕形にまとめる。
きれいな面が表面にくるように、ごく軽く巻いておおまかに枕形にまとめる。

あとの成形工程で余計に生地をいじらなくていいように、成形しやすい形にまとめておきます。

33 ベンチタイムを20分とる。
バットに手粉を薄くふり、生地をのせる。手粉をふったポリシートをバットにふわりとかけ、暖かい所でベンチタイムを約20分とる。

ベンチタイムの間も生地は多少膨らむので、ある程度の間隔をあけて並べます。

p.24に続く

プティ・バゲットの作り方

34 ベンチタイム終了。

ベンチタイムが終了。写真は左手前2つがプティ・バゲットの生地。奥2つはエピ・ベーコンとフガス。右の中2つはシャンピニョンで、手前の余り生地でシャンピニョンの上部を作る。

35 成形。手で押してガスを抜く。

生地を上下を返して台に取り出し、両手で軽く押して適度にガスを抜く。

> ガスを抜きながら、だ円形にします。分割後にまとめたときのきれいな表面を下にします。こうすると最終的に表面がきれいな面になります。

36 生地を2回折りたたむ。

向こう側から1/3を手前に折りたたみ、右手の腹で叩いて生地をくっつける。同様に奥から1/3を手前に折りたたんで生地をくっつける。

> 生地の合わせ目はしっかりつけましょう。

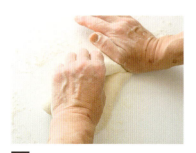

37 半分に折りたたむ。

さらに奥から手前に半分に折りたたむ。

38 合わせ目を内側に押し込む。

生地の合わせ目を左手の親指で内側に入れ込みながら、右手の腹で合わせ目を押してくっつける。

> この部分が芯になります。しっかり内側に入れ込まないと、このあと39〜40の成形で巻きが弱くなってしまいます。

39 両手で転がしてのばす。

生地の中央に両手のひらを置き、左右両端に向かって動かしながら転がして、棒状に形を整える。

> 力を入れず軽く転がしましょう。

40 長さ40cmの棒状にする。

転がして長さ40cmまでのばす。

> ベンチタイムできちんと生地を休ませていると、無理なく細長くのびます。

41 最終発酵を1時間とる。

布を広げて手粉をふり、40をとじ目を下にしてのせ、布を寄せる。生地にじかに触れないように上からふわりと手粉をふったポリシートをかけ、最終発酵を約1時間とる。

> 寄せた布が支えとなり、生地がダレずにきれいに膨らみます。

42 最終発酵終了後、天板に移す。

とり板を使って生地を天板に移す。とじ目を下にして置き、まっすぐに形を整える。

> 1.5倍くらいの大きさになっていれば、最終発酵は終了です！ 生地を布の上からとり板にのせ、転がすようにして天板に移します。

43 粉をふる。

茶こしで手粉をうっすらとふる。

これは飾り用の粉ですので、多くふりすぎないようにしてください。この粉は焼き上がりにそのまま残るので、多いと粉っぽい口当たりになります。

44 クープを入れる。

クープナイフでクープを中央にまっすぐ1本入れる。

クープの深さは2～3mmほど。刃先を少し上向きぎみにして、左手で生地を軽く押さえながら、生地をすっと切り開くように入れます。

45 スチームを入れ250℃で30分焼く。

バットに熱湯を張ってオーブンの下段に入れ、最高温度で予熱しておく。44を入れて250℃で約30分焼く。焼き上がったらクーラーにのせて冷ます。

スチームが充分あるとクープがきれいに割れて生地がのび、薄い皮に焼き上がります。焼き色にもつやがでます。

CHECK

断面 焼き上がりの生地の気泡は、焼成中に生地から水分が蒸発することによってできます。つまり、水分が抜け出た空洞がそのままの形で残るのです。バゲットの気泡は大小いろいろな大きさがあるのが特徴。コシをつけすぎないないように軽めにこね、ガスも軽く抜くので、生地の中の水分が細かく均一になっていないためです。家庭用のオーブンはプロ仕様に比べると下火が弱く、生地を上に向かって膨らませる力が弱いため、下のほうの気泡が多少詰まりぎみになります。

Chef's voice

フランスパンの生地は作ったらすぐに焼かなければなりませんが、粉500gでこねた生地は家庭サイズのオーブンでは一度に焼けません。そこでまずプティ・バゲット2本を焼き、焼き上がったらすぐにエピ・ベーコンとフガス、シャンピニォンを焼きましょう。これら3種類は平らだったり小形だったりするので、多少発酵が進んでもそれほど問題なく膨らみます。工程の流れとしては、ベンチタイムまではすべてのパンを同時にします。その後はまずプティ・バゲットを成形して焼成まで進め、その間に他の3種類のパンの成形以降の工程をしておき、プティ・バゲットが焼き上がったら、すぐにオーブンに入れてください。

フランスパン生地でアレンジ ❶　［ベーコンを加えて］

エピ・ベーコン
Épi au lard

エピはフランス語で「麦の穂」の意味。生地をプティ・バゲットと同じく棒状に成形し、はさみで切り込みを入れては左右交互に開くと、麦穂のような形になるのです。切り込みははさみを寝かせぎみに持ち、**上から、生地に対して30度くらいの角度で、生地の厚みの半分くらいまで**入れるときれいな形になります。生地だけでシンプルに作ってもおいしいですが、ベーコンを1枚包んだ人気のエピ・ベーコンのレシピをご紹介します。

材料（1本分）

プティ・バゲットの生地（→p.18）
　……120g
ベーコン ……1枚

「プティ・バゲット」の生地から120g分割して作ります。

準備

- バットに熱湯をたっぷりと張ってオーブンの下段に入れ、予熱しておく。
- 予熱温度はオーブンの最高温度に設定する。

特に用意するもの

布（最終発酵に使用）、とり板（下敷きなどを40cm×15cmくらいにカットして用意する）、はさみ

作り方の流れ

▼ 生地をこねる　こね上げ温度 25℃

▼ 一次発酵　2時間30分
（1時間30分→パンチ→1時間）

▼ 分割　120g

▼ ベンチタイム　20分

▼ 成形　ベーコンを包んで長さ25cmの棒状

▼ 最終発酵　1時間

▼ 成形　はさみで麦穂形に成形

▼ 焼成　250℃　25分
（スチームあり）

作り方

1. こね〜ベンチタイムまでは「プティ・バゲット」(→p.18) **1**〜**3-4**と同様にする。

2. 軽く叩いてガス抜きしながらだ円形にし、向こう側から1/3を手前に折りたたみ、右手の腹で叩いて生地をくっつける。同様に奥から1/3を手前に折りたたんで生地をくっつけながらベーコンより少し大きめに形を整える。

3. **2**の上にベーコンをのせ（**a**）、向こう側から生地をベーコンにかぶせ、生地の合わせ目を右手の腹でよく押してくっつける。転がして長さ25cmの棒状にのばす。

4. 布の上に手粉をふって**3**をのせ、布を寄せる。上から手粉をふったポリシートをふわりとかけ、暖かい所で最終発酵を約1時間とる。

5. とり板を使って天板に移す。はさみの刃先に水をつけ、生地に均等に5ヵ所切り込みを入れながら（**b**）、切り込みを入れるたびに生地を左右交互に開いて、麦穂の形にする（**c**）。

6. 熱湯を張ったバットをオーブンの下段に入れて最高温度で予熱したオーブンに、**5**を入れて250℃で約25分焼く。焼き上がったらクーラーにのせて冷ます。

a 生地の上にベーコンを丸ごと1枚のせ、包むようにして棒状に成形します。転がして長さ25cmにのばします。

b はさみは30度くらいの角度で寝かせぎみにして持ち、生地の厚みの半分くらいの深さで、ベーコンが切れるまで切り込みを入れます。切り込んだ所から、生地を左右交互に開きます。

c これで麦穂の形になります。

フランスパン生地でアレンジ ❷ ［オリーブを加えて］

フガス
Fougasse aux olives

フガスは南仏でよく食べられるパン。この形はヨーロッパで盛大に祝われる、2月のカーニバルのときにかぶる「仮面」に由来するといわれています。南仏らしく**オリーブ油を表面に塗って焼くので、表面はサクッと軽い食感。**切り目を数ヵ所入れるので、生地があまり膨らまず平らに焼き上がり、内側は目が詰まりぎみでしっとりとしているのが特徴です。成形が簡単で、膨らむかどうかの心配をしなくてもいいので、パン作り初心者の方も気軽に作ってみてください。

材料（1本分）

プティ・バゲットの生地（→p.18）
　…… 120g
グリーンオリーブ（種抜き）…… 20g
EVオリーブ油 …… 適量

「プティ・バゲット」の生地から120g分割して作ります。

準備

- バットに熱湯をたっぷりと張ってオーブンの下段に入れ、予熱しておく。
- 予熱温度はオーブンの最高温度に設定する。
- グリーンオリーブを粗めに刻む。

特に用意するもの

麺棒、刷毛

作り方の流れ

▼ 生地をこねる	こね上げ温度 25℃
▼ 一次発酵	2時間30分（1時間30分→パンチ→1時間）
▼ 分割	120g
▼ ベンチタイム	20分
▼ 成形	● 丸くのばし、オリーブをのせて、半分に折りたたむ ● カードで切り目を入れる
▼ 最終発酵	1時間
▼ 焼成	EVオリーブ油を塗る 230℃　20分（スチームあり）

作り方

1 こね〜分割までは「プティ・バゲット」（→p.18）**1**〜**3**と同様にする。丸くまとめ、バットに手粉を薄くふって並べる。ポリシートに手粉をふってバットにふわりとかけ、暖かい所でベンチタイムを約20分とる。

2 麺棒で直径18cmくらいにのばす（**a**）。

3 生地の半分に刻んだグリーンオリーブをのせ、生地の縁に水（分量外）を刷毛で塗る（**b**）。

4 半分に折りたたみ、生地をよくくっつける。

5 天板に移す。指で押して生地を少し広げる。カードで縦に1本切り目を入れ（**c**）、その両側に2ヵ所ずつ切り目を入れ、それぞれ少し広げて形を整える。

6 ポリシートに手粉をふって天板にふわりとかけ、暖かい所で最終発酵を約1時間とる。

7 熱湯を張ったバットをオーブンの下段に入れて最高温度で予熱し、オリーブ油を刷毛で塗って、230℃で約20分焼く。焼き上がったらクーラーにのせて冷ます。

a 麺棒でのばしながら同時にガスも抜いています。平らに焼き上げるパンなので、ガスはしっかり抜いて大丈夫。

b 刻んだオリーブをのせてから、生地の縁に接着用に水を刷毛で塗り、半円形に折りたたみます。

c カードで縦に1本、その両側に斜めに2本ずつ切り目を入れます。切り目の入れ方に決まりはありません。カーニバルの仮面をイメージしてみましょう。

フランスパン生地でアレンジ ❸　[形を変えて]

シャンピニオン
Champignon

フランス人が愛するきのこのフォルム。**丸い下部はふっくらと柔らかな食感で、上の傘部分は薄くカリカリッ。**ひとつのパンで2つの食感を楽しもうなんて、実に食いしん坊なフランス人らしいアイディアだと感心してしまいます。成形は丸めた生地に、薄くのばして丸くぬいた生地をのせます。最終発酵のときに傘を下にするのがポイントで、傘には上になった生地の重みがかかり薄く平らなまま。焼成時に再度上下を返すと、傘が薄くカリカリに焼き上がります。

材料（2個分）

プティ・バゲットの生地（→p.18）
……70g×2個

「プティ・バゲット」の生地から70gを2個分割して作ります。

準備

- バットに熱湯をたっぷりと張ってオーブンの下段に入れ、予熱しておく。
- 予熱温度はオーブンの最高温度に設定する。

特に用意するもの

麺棒、直径5cmの丸ぬき型、布（最終発酵に使用）

作り方の流れ

▼ 生地をこねる	こね上げ温度 25℃
▼ 一次発酵	2時間30分 (1時間30分➡パンチ➡1時間)
▼ 分割	70g
▼ ベンチタイム	20分
▼ 成形	● 丸形（下部） ● 余った生地を直径5cmにぬく（上部） ● 下部に上部をのせる
▼ 最終発酵	1時間
▼ 焼成	250℃ 25分（スチームあり）

作り方

1 こね〜分割までは「プティ・バゲット」（→p.18）**1**〜**3**と同様にする。丸くまとめ、バットに手粉を薄くふって並べる。バットに手粉をふったポリシートをふわりとかけ、ベンチタイムを約20分とる。生地が少し余るのでこれも一緒にベンチタイムをとる。

2 丸く成形する（**a**）。これはでき上がりの下部になる。

3 余った生地を麺棒でのびるところまで薄くのばし、直径5cmの丸ぬき型で2枚ぬく（**b**）。これはでき上がりの上部になる。

4 **2**の上に**3**をのせ、人さし指に手粉をつけて中心を下までつきさす（**c**）。

5 布の上に手粉をふり、**4**を上下を返してのせ、布を寄せる（**d**）。ポリシートに手粉をふってふわりとかけ、暖かい所で最終発酵を約1時間とる。

6 再度上下を返して天板にのせる。熱湯を張ったバットをオーブンの下段に入れて最高温度で予熱し、250℃で約25分焼く。焼き上がったらクーラーにのせて冷ます。

Chef's voice

丸形の成形は、まず右手の小指と親指の腹を生地の側面に当て、反時計回りに動かして生地の下部を締めます。最後に手のひらを軽く上面にあてて同様に回して表面をなめらかに整えます。

丸形の成形。この作業は手のひらでも、台の上でしてもいいです。

上部はカリカリに焼き上げたいので、薄くのばしてください。全方向に向かって麺棒を転がしてのばすと、焼き縮みしません。

これで上下の生地がくっつきます。指先が台に触れるまでしっかりつきさしましょう。

最終発酵は上下を逆さまにし、上部が平らになるようにします。焼くときに再度上下を返します。

フランスパンの食べ方提案 ❶

カスクルート
Casse-croûte

バゲットのサンドイッチをカスクルートといいます。p.18で作ったプティ・バゲットなら1本そのまま、購入した長いバゲットなら半分に切って作りましょう。フィリングはお好みですが、僕の店で人気トップ3はこの3品です。カスクルートに野菜を入れるかどうかは悩みどころ。**本来フランスではバゲットが湿ってしまうので、レタスなどの野菜は入れないのです。**すぐに食べない場合は、水分が出る野菜は入れないほうがパンのおいしさが長持ちします。

カマンベール＆ジャンボン（写真上）

材料（バゲット半本分）
- バゲット …… ½本
- マスタードバター（下記参照）…… 適量

◎フィリング
- カマンベールチーズ …… 5mm幅カット4切れ
- スモークハム …… 大½枚
- 黒こしょう（粗挽き）…… 適量

作り方
1. バゲットに横に切り目を入れる。
2. 切り口にまんべんなくマスタードバターを塗る。
3. カマンベールチーズ、スモークハムをのせ、黒こしょうをふってサンドする。

パン・バニヤ（写真中央）

材料（バゲット半本分）
- バゲット …… ½本
- EVオリーブ油 …… 適量

◎フィリング
- グリーンリーフ …… 1枚
- セミドライトマト …… ½個
- アンチョビフィレ …… ¼枚
- ブラックオリーブ、グリーンオリーブ（種抜き）…… 各1個

準備
- セミドライトマトはオリーブ油（分量外）に漬けて柔らかくしておく。

作り方
1. グリーンリーフはせん切りにする。オリーブは薄くスライスする。
2. バゲットに横に切り目を入れる。
3. 切り口にまんべんなくオリーブ油を塗り、グリーンリーフをのせ、セミドライトマト、アンチョビ、オリーブをサンドする。

ジャンボン・クリュ（写真下）

材料（バゲット半本分）
- バゲット …… ½本
- バター（食塩不使用）…… 適量
- 生ハム …… 大1枚

作り方
1. バゲットに横に切り目を入れる。
2. 切り口にまんべんなくバターを塗り、生ハムをサンドする。

マスタードバター

材料（でき上がり大さじ2½くらい）と作り方
バター（食塩不使用）20gを泡立て器で混ぜて、柔らかいクリーム状にし、粒マスタード小さじ2を加えてよく混ぜ合わせる。

フランスパンの食べ方提案 ❷

パン・ペルデュ
Pain perdu

フランスパンが余ったら、卵の味わいが豊かなアパレイユをたっぷりと吸わせて、フランス版フレンチトーストを作りましょう。ポイントは**アパレイユに浸したあと、表面にクレーム・ダマンド（アーモンドクリーム）を塗ることです。**これで驚くほどリッチな味わいに！ もしもクレーム・ダマンドを用意するのが面倒ならば、忙しいウィークデーは塗らずに作り、週末はクレーム・ダマンドありで贅沢な味わいを、なんていかがですか。

材料（6個分）

プティ・バゲット …… 1½本

◎アパレイユ
- 牛乳 …… 250g
- 卵 …… ½個
- 卵黄 …… 1½個分
- 砂糖 …… 60g
- バニラエッセンス …… 少量

クレーム・ダマンド（右記）…… 適量
粉糖 …… 適量

> 市販のバゲットで作る場合は½本を使います。

特に用意するもの
パレットナイフ、茶こし

作り方

1 バゲットを長さ10cmくらいに切り、横半分にスライスする（ a ）。計6切れとれる。

2 鍋に牛乳を入れて沸騰させ、火を止めて粗熱をとる。

3 ボウルに卵と卵黄を入れて泡立て器で溶きほぐし、砂糖を加えて溶けるまですり混ぜる。**2**の牛乳を加えて混ぜ、さらにバニラエッセンスを加えて混ぜる。これを漉す。

4 **3**が人肌の温度のうちに、**1**のバゲットを浸す（ b ）。

5 バットにクーラーをのせ、ここに**4**のバゲットを数分置いて余分なアパレイユをきる。

6 **5**の上にパレットナイフでクレーム・ダマンドを薄く塗る（ c ）。

7 180℃のオーブンで約15分焼く（ d ）。冷めてから茶こしで粉糖をふる。

> バゲットはアパレイユを吸いやすいように半分にスライス。パン・ペルデュには焼きたてのバゲットよりも、1〜2日たって少し乾燥しかかっているもののほうが、アパレイユをよく吸うのでよいです。

> アパレイユは人肌程度の温度がカギ。冷たいとパンに染み込みにくく、逆にアパレイユが熱いと生地が膨張し目が開いてフニャフニャになります。

> クレーム・ダマンドは薄く塗ります。これだけでも味わいがぐんとリッチに。

> 焼き加減は、クレーム・ダマンドが乾いて軽く焼き色がつきはじめるくらいでOK。仕上げの粉糖は茶こしに入れて、フォークをのせた上からふるとかわいい模様がつけられます。

SPECIAL LESSON

クレーム・ダマンド
Crème d'amandes

アーモンドクリームは、アーモンドのリッチな味わいでパンに塗って焼くだけでおいしいもの。パン・ペルデュ（➡p.34）、ボストック（➡p.76）、ダノワーズのムーラン（➡p.93）、クロワッサン・オザマンドとあんクロワッサン（➡p.100）に使います。

材料（でき上がり約400g分・作りやすい分量）

- バター（食塩不使用）…… 100g
- 砂糖 …… 100g
- アーモンドパウダー（皮むき）…… 100g
- 卵 …… 1½個
- 薄力粉 …… 15g
- ラム酒（ダーク）…… 少量

準備
- バターは室温に戻す。
- アーモンドパウダー、薄力粉はそれぞれふるう。

作り方

1 ボウルにバターを入れて泡立て器で混ぜ、柔らかいクリーム状にし、砂糖を加えてなめらかになるまで混ぜる。

2 アーモンドパウダーを加えて混ぜる。

3 卵を溶きほぐし、**2**に少しずつ加えながら混ぜる。

> 卵を加えると全体が分離したようにモロモロとした状態になりますが、混ぜ続けるとなめらかにつながります。分離しにくいように卵は4〜5回に分けて加えてください。

4 薄力粉を加えて混ぜ、ラム酒も加えて混ぜ合わせる。

> 冷蔵庫で4〜5日保存できますが、作った翌日以降はアーモンドの香りが薄れていくので早く使うのがベター。使うときには木べらで混ぜて柔らかく戻してください。

SPECIAL LESSON
ブーランジェリーの基本のクリーム
パン屋さん

ブーランジェリーでも、パティスリー（お菓子屋さん）と同様に、クレーム・パティシエール（カスタードクリーム）は欠かせません。パンの中に入れたり塗ったりと、このクリームがあるだけでパンのバリエーションが膨らみます。

クレーム・パティシエール
Crème pâtissière

パンの味わいに寄り添うような、やさしいバニラの香りが特徴です。本書ではダノワーズのスリーズ（➡p.94）、ポワール（➡p.98）に使います。粗熱がとれたくらいが、卵のおいしさが感じられ、とろりとした口当たりなので、夏季の暑い時期以外はなるべく冷蔵庫で冷やさないうちに使うのがおすすめです。使うときは、泡立て器かゴムべらで全体を混ぜてなめらかに戻してください。

材料（でき上がり約440g分。作りやすい分量）
牛乳 …… 250g
砂糖 …… 65g
バニラスティック …… ¼本
┌ 卵 …… 1個
A
└ 卵黄 …… 2個分
薄力粉 …… 20g
バター（食塩不使用）…… 5g

準備
● 薄力粉はふるう。
● バニラスティックはさやに縦に切り目を入れ、中のビーンズをこそげとる。

1 鍋に牛乳と砂糖の⅓量、バニラのビーンズとさやを入れて火にかけ沸騰させる。その間に、ボウルにAを入れて泡立て器で溶きほぐし、薄力粉と残りの砂糖を加えて均一になるまで混ぜる。

＞牛乳は腐敗を防ぐために一度沸騰させます。

2 1のボウルに沸騰した牛乳液を混ぜながら加える。

＞沸騰した牛乳を卵に加えるので、卵に火がとおって固まらないように泡立て器で混ぜながら加えます。

3 2を鍋に戻して中火にかけ、泡立て器で混ぜ続けながら炊く。

4 少しとろみがついてきたら、いったん火から下ろして漉す。

5 4を鍋に戻し、再度中火にかけて泡立て器で混ぜ続けながら炊き、全体にとろりとして混ぜる手が軽くなったら火を止める。

＞はじめのうちはまだ混ぜる手に重みを感じる状態。さらに混ぜながら炊くと、ふっとゆるくなりつやが出ます。そこが火を止めるタイミング。

6 すぐにボウルに移し、バターをのせて溶かし、表面にバターをなじませる。そのまま冷ます。

＞バターは表面に膜を作り、乾かないようにするためにのせます。ラップをかけると、はがすときに水分が落ちるのが気になり、昔ながらのこの方法にしています。冷蔵庫で翌日まで保存可能。

PART 2

食パン生地

藤森シェフの食パンは、

少し甘みがあって多くの人に好まれる味わい。

そのまま食べても、トーストしても、

そしてサンドイッチにしても飽きのこないおいしさです。

基本の生地の作り方さえ覚えれば

いろいろなパンに展開できる、

優秀な生地でもあります。

牛乳や卵、コンデンスミルクでほんのり甘くリッチに。
この生地で食パンもアレンジパンも多彩に作れます。

角食パン

Pain de mie

日本人が大好きなほんのりスイート生地です。

牛乳や卵、コンデンスミルクが入り、ほんのりミルキーでリッチな風味。甘みもほんのりつけています。小麦粉は強力粉でなく準強力粉を使っているので、歯切れのいい軽めの食感に焼き上がります。実はこの生地は食パン専用ではなく、「パン・オ・レ」（➡p.50）、「チョコ＆マカダミア」（➡p.52）、「パヴェ」（➡p.54）といったようにアレンジがきく生地なのです。

ブーランジェリーには何十種類ものたくさんのパンが並んでいますよね。でも実は元になるパン生地はそれほど多くないのです。ひとつパン生地があったら、それを工程の途中で枝分かれさせながら形を変えたり、フィリングを変えたり、トッピングを変えたりして、お客さんが飽きないようにバリエーション豊かにパンを作ります。

だから、この生地のように応用範囲の広い生地はとても優秀。ご家庭でもこの生地さえあればいろいろなパンを作れるので、ぜひマスターしてもらえたらなと思います。

角食パンはきめ細かく、しっとりが特徴。

というわけで、まず角食から作りましょう。

角食パンは、食パン型に蓋をして焼いた四角い食パンです。カギは「蓋」。型の中に閉じ込めた状態で焼くため、生地は型の四隅までパンパンに膨らみます。でもそれ以上は膨らむことができないので、生地の目が詰まって密になり、目が細かくなります。水分も型の外に蒸発できないので、生地の中に残り、しっとりとソフトな焼き上がりになります。これが角食の特徴です。

食パンの双璧、「山食パン」と比べるとどうなのでしょうか。それはp.44でわかります。

材料（2本分）

準強力粉（リスドォル）…… 500g
インスタントドライイースト …… 5g
砂糖 …… 60g
塩 …… 10g
卵 …… 1個
牛乳 …… 卵と合わせて300gにする
コンデンスミルク …… 25g
バター（食塩不使用）…… 60g

コンデンスミルクは生地をきめ細かくなめらかにしてくれます。カルピス®同量で代用してもいいです。

準備

● バターは室温にしばらく置き、指で押すとすっと凹むくらいの固さに戻す（夏季はこねているうちにバターが柔らかくなりすぎるので、室温には戻さずに冷たい状態のまま手で押しつぶして柔らかくしたほうがいい）。
● 型に油脂（バターや市販の離剥用オイルなど）を薄く塗る。

特に用意するもの

上寸9.5cm×19.5cm×高さ9.5cmの食パン型2個

作り方の流れ

生地をこねる
 こね上げ温度 25℃

▼

一次発酵
 1時間30分
（1時間 ➡ パンチ ➡ 30分）

▼

分割
240g

▼

ベンチタイム
 20分

▼

成形
● 長さ40cmの棒状に成形
● 2本を編んで型に入れる

▼

最終発酵
 1時間

▼

焼成
 200℃　 30分

角食パンの作り方

1 粉やイーストをボウルに入れる。

ボウルに小麦粉をふるい入れ、ドライイースト、砂糖、塩を入れ、ゴムべらで全体を混ぜる。

> 材料がむらなく混ざるようにします。

2 別に卵、牛乳などを混ぜる。

別のボウルに卵と牛乳、コンデンスミルクを入れ、泡立て器で溶き混ぜる。

> これもむらなく混ざればいいです。

3 粉に液体を加えて混ぜる。

1の粉の中央を少しくぼませ、2を入れてゴムべらで混ぜる。

> 液体を入れた中央から混ぜ、ダマができないように手早く外側の粉を混ぜ込みます。まずは小麦粉全体に水分を行きわたらせます。

4 台に出す。

粉に水分が行きわたり、一部が塊になりはじめたら、台に出す。

> まだぽろぽろした状態でかまいません。

5 こねる。ひと塊にする。

まず生地をひとつにまとめる。

> 両手で生地を軽く押しながらまとめると、すぐにひと塊になります。

6 軽く台に叩きつける。

両手の指先で生地の両側をつまんで持ち上げ、台に叩きつける。「こね方Ⓐ」（➡p.8）で。

> まだ生地がベタついているので、指先でつまむようにして持ちます。

7　向こう側に折りたたむ。

叩きつけたら、そのまま向こう側に折りたたむ。

> ひじの高さくらいから叩きつけますが、力を入れる必要はありません。スナップをきかせる力加減でOK。

8　角度を変えてくり返す。

次は生地の向きを変えて持ち上げ、6〜8をくり返してこねる。

9　5〜6割までこねる。

生地が台にほとんどつかなくなるまでこねる。まだきめが粗く、両手で生地の端を引っ張るとすぐに切れてしまう状態。

> このタイミングでバターを入れます。これ以上こねてコシがつくと、バターが混ざりにくくなります。

10　生地を広げてバターをのせる。

生地を広げ、バターを適当な大きさにちぎってのせる。

> バターは生地に練り込みやすい固さにしておきます。指で押すとすっと凹む固さで、生地よりも少し（2〜3℃）温度が低いとダレにくくていいです。

11　まんべんなく押しつぶす。

生地でバターを包み込んでから、全方向に押しつぶす。

> 生地全体にバターを行きわたらせます。

12　さらにこねる。

6〜8と同様にしてさらにこねる。

> バターが生地に練り込まれるまでは、生地がベトつき、手も台もベトベトになります。なるべく手をよごさないように、そして生地の温度を上げないようにするため、生地は指先で持ちます。

13　こね方を変える。

表面がだいぶなめらかになり、台に生地がくっつかなくなったら、こね方を「**こね方B**」（→p.9）に変える。

> 8割がたこねた段階でこね方を変え、こからはグルテンを強くします。

14　こね上がりをチェック。

生地が手にもつかなくなり、なめらかでつやが出たら、こね上がり。生地の端を両手で引っ張ると、弾力をもって薄くのび、のびた面がなめらかで凹凸がなければいい。こね上げ温度を計る。

> こね上げ温度は25℃が理想的。

15　一次発酵を計1時間30分とる。

生地の表面をきれいになめらかにして丸くまとめる。はじめに使ったボウルにとじ目を下にして入れ、ポリシートに手粉をふってボウルにふわりとかける。暖かい所で一次発酵を計1時間30分とる。

p.42に続く　41

> 角食パンの作り方

16 途中1時間でパンチする。

途中1時間が経過し、生地が発酵前の1.5倍くらいの大きさになったら、パンチをするタイミング。

17 台に出してパンチする。

ボウルを逆さにして、生地を台に出す。そのまま両手で押してガスを抜く。

> 生地を強めに押してガスを抜きます。ただし炭酸ガス以外にも発生している香気成分が抜けすぎないように、ギュウギュウとは押しつけないこと。

18 さらに30分発酵をとる。

押した面を内側に包み込み、表面をきれいになめらかにして丸く整える。とじ目を下にしてボウルに戻し、ボウルにポリシートをふわりとかけ、さらに約30分発酵をとる。

19 一次発酵終了。

発酵前の1.5倍の大きさに膨らんだら、一次発酵が終了。

> 時間だけでなく、必ず大きさで判断してください。指に手粉をつけて生地にさして抜き、穴がそのまま形を維持していればいい発酵状態です。

20 240gに分割する。

ボウルを逆さにして生地を台に出す。両手で軽く押してガスを抜き、表面をなめらかにしてまとめる。カードで240gに4個分割する。

> 2個で食パン1本分になります。**29**のように2本を編み合わせて成形します。

21 丸く整える。

丸く整えながら丸める。

> 表面をきれいになめらかにしながら丸くまとめます。

22 ベンチタイムを20分とる。

バットに手粉を薄くふり、生地を間隔をあけて置く。手粉をふったポリシートをふわりとかけ、暖かい所でベンチタイムを約20分とる。

23 ベンチタイム終了。

ベンチタイムの間に生地はふっくらと少し膨らむ。

24 成形する。ガスを抜く。

生地を上下を返して台に置き、両手で強めに押してガスを抜きながら、だ円形にのばす。

> 分割後に丸くまとめたときのきれいな表面を下にします。こうして成形すると最終的に表面がきれいな面になります。

25 向こう側から⅓折りたたむ。

生地を向こう側から手前に⅓折りたたみ、右手の腹でしっかり押して生地をくっつける。

26 さらに⅓折りたたむ。

25の状態から、さらに向こう側から⅓を折りたたみ、右手の腹でしっかり押して生地をくっつける。

27 半分に折りたたんで芯を作る。

向こう側から手前に半分に折りたたみ、左手の親指でこの合わせ目を内側に入れ込みながら、右手の腹でしっかり押してくっつける。

> この部分が芯になるので、しっかり内側に押し込んで成形します。

28 長さ40cmにのばす。

生地のとじ目を下にして置き、両手を中央から左右両端に動かしながら転がして長さ40cmの棒状にのばす。

29 2本を交差させる。

のばした生地2本を交差させて置く。

30 編み合わせる。

交差させた所から編み合わせる。

> ねじり合わせることで生地に均等に力がかかってガスが抜けるので、目が均一になります。

31 両端をくっつける。

編み終わりの両端をしっかりと押してくっつける。

32 型に入れ、最終発酵を1時間とる。

型に入れて蓋をし、暖かい所で最終発酵を約1時間とる。

> 編んだ生地は型より少し長めになるので、軽く押し込むようにして型に入れます。30℃を超えるとバターが溶け出してしまうので、発酵温度に注意を。

33 最終発酵終了。焼成する。

いったん蓋を開け、生地が型の8分目まで膨らんでいるかを確認する。蓋を戻し、200℃のオーブンで約30分焼く。焼き上がったら、すぐに型を軽く台に落として生地中の水蒸気を抜き、型から取り出してクーラーにのせて冷ます。

食パンバリエーション ❶　[山形に焼いて]

蓋をせずに焼くので、角食パンよりも生地が膨らみ、
サクサク軽い食感になります。

山食パン

Pain de mie anglais

山食パンはサクサクッ。

パン作りのおもしろいところは、**同じ生地でも成形を変えると、
焼き上がりの食感が変わること**です。それがよくわかるのが、
食パンの「角食パン」と「山食パン」です。

　角食パンはp.38でもご説明したとおり、型に蓋をして焼くので、膨らみが押さえられて生地の目が密になり、水分も蒸発できずに生地の中に残ってしっとりとします。

　では山食パンはというと、型に蓋をしないで焼きます。そのため生地は型から飛び出して大きく膨らみ、上に向かってのびるので、目が縦に大きめになります。水分も生地から蒸発します。つまり、角食パンとは対照的で、**表面の皮は薄く、生地は粗めでところどころ大きめな気泡がある焼き上がりとなります。**

　この差はトーストして食べるとよくわかるので、試してみてください。山食は皮は薄くカリッとし、生地の内側もサックリ軽い口当たりです。バターやコンフィチュールをたっぷりと塗って食べると、サックリした所が少ししとって、実にたまらなく合うんですよね。

生地をのびのび膨らませてあげよう。

この山食は2山で焼いています。型にロール形に巻いた生地を2個入れて焼成しますが、この成形も生地が大きく膨らむようにするためです。角食のように生地を編まないので、生地がのびのびとのびるのです。

　のびをよくするために、生地のこね方は少し強めにしましょう。
こねる力を強めにしてグルテンをより強くすると、生地の膨らみがよくなります。といっても、ものすごくギュウギュウとこねるのはなしです。あくまで「強め」くらいで十分です。

材料（2本分）

角食パンの生地（➡p.38）…… 全量
卵（塗り用）…… 適量

準備

◎ バターは室温にしばらく置き、指で押すとすっと凹むくらいの固さに戻す（夏季はこねているうちにバターが柔らかくなりすぎるので、室温には戻さずに冷たい状態のまま手で押しつぶして柔らかくしたほうがいい）。

◎ 型に油脂（バターや市販の離剥用オイルなど）を薄く塗る。

特に用意するもの

麺棒、上寸9.5㎝×19.5㎝×高さ9.5㎝の食パン
型2個、刷毛

食パンバリエーション ❶ [山形に焼いて]

作り方の流れ

生地をこねる
 こね上げ温度25℃

▼

一次発酵
🕐 1時間30分
（1時間 ➡ パンチ ➡ 30分）

▼

分割
240g

▼

ベンチタイム
🕐 20分

▼

成形
● ロール形に成形
● 型に2個入れる

▼

最終発酵
🕐 1時間10分

▼

焼成
溶き卵を塗る
 200℃　🕐 30分

山食パンの作り方

1　ベンチタイム終了。
こね～ベンチタイムまでは「角食パン」（➡ p.38）**1**～**23**と同様にする。

2　ガスを抜く。
生地を上下を返して台に置き、両手で強めに押してガスを抜きながら、だ円形にのばす。

> 分割後に丸くまとめたときのきれいな表面を下にして置いて成形すると、最終的に表面がきれいな面になります。

3　ロール形に成形する。
「角食パン」**25**～**27**と同様にして生地を折りたたんで芯を作る。

4　まず棒状にする。
生地のとじ目を下にして置き、両手を中央から左右両端に動かしながら転がして長さ25cmくらいの棒状にのばす。

> 無理なくのびるところまでのばせばいいです。

5　さらに右側を細めにのばす。
両手を生地の上に置き、右手のほうに力を入れて押しながら転がしてさらにのばす。

6　バットのような形にする。
右側だけが細くなってバットのような形になる。

7 麺棒でのばす。

生地のとじ目を上にし、生地の細いほうを手前にして縦長に置き、麺棒を転がして長さ32cmくらいにのばす。

> しゃもじのような形になります。麺棒を転がすと、生地の目が細くそろい、焼き上がりのきめが細かくなります。

8 ロールの芯を作る。

向こう側からひと巻きする。

> ロール形の成形の芯になるので、このひと巻きはきっちりと巻きます。

9 手前を引っ張って生地をのばす。

もうひと巻きしたら、生地の手前を引っ張る。

10 巻く。

引っ張ったまま向こう側から手前に転がして巻く。

> このときは生地に力をかけずに軽く転がします。きつく締めつけて巻くと、焼成時に膨らみにくくなります。

11 とじ目をくっつける。

とじ目を指でつまんで、しっかりとくっつける。

12 型に2個入れる。

とじ目を下にして型に2個入れる。

> 2つの生地が互いに押し合って型の中で膨らむので、均等な間隔をあけて入れましょう。

13 最終発酵を1時間10分とる。

型に手粉をふったポリシートをふわりとかけ、暖かい所で最終発酵を約1時間10分とる。

> バターが溶けるので温度が30℃を超えないようにしてください。

14 最終発酵終了。

型の縁ギリギリまで膨らんでいたら、最終発酵終了。

> 蓋をせずに発酵をとるので生地の温度が下がりやすいため、「角食パン」よりも最終発酵時間を10分長めにとります。

15 溶き卵を塗り、200℃で30分焼く。

卵を溶いて刷毛で2回塗り、200℃のオーブンで約30分焼く。焼き上がったら、すぐに型を軽く台に落として生地中の水蒸気を抜き、型から取り出してクーラーにのせて冷ます。

47

食パンバリエーション ❷　［胚芽を入れて］

胚芽食パン
Pain de mie aux germes de blé

食パンにはあまり"混ぜもの"をしないのが僕の主義。やっぱり毎日食べるものはシンプルなものが一番です。でも、この胚芽食パンは例外。とても香りがよく、トーストするとますます香ばしさを増します。胚芽を加えると、生地に粘りが出ます。胚芽のえぐみをおだやかにするためにはちみつも加えているので、ダレやすくなります。**はじめのうちはネチネチとしてこねづらいですが、きちんと生地としてまとまります**のでご安心を。

材料（2本分）

- 強力粉（スーパーカメリヤ）…… 500g
- スキムミルク …… 9g
- 小麦胚芽 …… 38g
- インスタントドライイースト …… 9g
- 砂糖 …… 15g
- 塩 …… 9g
- はちみつ …… 20g
- 水 …… 385g
- バター（食塩不使用）…… 27g
- 卵（塗り用）…… 適量

胚芽は小麦の胚乳（挽いて小麦粉になる）以外の部分で、ビタミンやミネラルが豊富です。とても香ばしい香りがします。

準備

- バターは室温にしばらく置き、指で押すとすっと凹むくらいの固さに戻す（夏季はこねているうちにバターが柔らかくなりすぎるので、室温には戻さずに冷たい状態のまま手で押しつぶして柔らかくしたほうがいい）。
- 型に油脂（バターや市販の離剥用オイルなど）を薄く塗る。

特に用意するもの

麺棒、上寸9.5cm×19.5cm×高さ9.5cmの食パン型2個、刷毛

作り方の流れ

▼ 生地をこねる	こね上げ温度 25℃
▼ 一次発酵	1時間30分 (1時間 ➡ パンチ ➡ 30分)
▼ 分割	160g
▼ ベンチタイム	20分
▼ 成形	● ロール形に成形 ● 型に3個入れる
▼ 最終発酵	1時間10分
▼ 焼成	溶き卵を塗る 200℃ 30分

作り方

1 ボウルに小麦粉とスキムミルクを合わせてふるい入れる。小麦胚芽、ドライイースト、砂糖、塩も入れてゴムべらで均一に混ぜる（**a**）。

2 はちみつに水を分量のうちから少量加えてのばし、**1**に加える。残りの水も加え、ゴムべらで混ぜて粉に水分を行きわたらせる。

3 こね〜一次発酵までは「角食パン」（➡ p.38）**4**〜**19**と同様にする（**b**、**c**）。

4 160gに6個分割する。バットに手粉をふって生地を並べ、手粉をふったポリシートをふわりとかける。暖かい所でベンチタイムを約20分とる。

5 以降の成形〜焼成までは「山食パン」（➡ p.44）**2**〜**15**と同様にする（**d**）。ただし、型に3個ずつ入れる。

a スキムミルクは液体に直接触れるとダマになりやすいので、小麦粉と合わせてふるいます。小麦胚芽や他の材料も加えてむらなく混ぜます。はちみつは粘度があって混ざりにくいので、あらかじめ水で液状に溶いてから加えてください。

b 胚芽を入れた生地はネチネチと粘ってベタつき、はじめのうちはこねづらいですが、手首のスナップをきかせてこねていると、台や手から生地が離れるようになります。

c このようにきれいな生地になります。ダレやすい生地を膨らませるために強力粉を使っているので、こねるときちんとグルテンが形成されます。

d 型にはロール形に成形した生地を3個ずつ入れて焼きます。

食パン生地でアレンジ ❶　［形を変えて］

パン・オ・レ
Pain au lait

角食パンで使った生地の形を変えたアレンジ。テーブルロールとしてコンフィチュールを塗っても、ハムやチーズなどと食べてもおいしいです。この配合で12個できますので、天板に6個ずつ並べ、天板2枚を上下段に入れて同時に焼きましょう。パンは2回に分けて焼くと発酵状態が変わってしまうので、なるべく一度に焼きたいのです。もしも上下段で焼き色のつき方に差がでるようならば、途中で上下を入れかえて調節することを忘れずに。

材料（12個分）

角食パンの生地（→p.38）…… 全量
卵（塗り用）…… 適量

準備

- バターは室温にしばらく置き、指で押すとすっと凹むくらいの固さに戻す（夏季はこねているうちにバターが柔らかくなりすぎるので、室温には戻さずに冷たい状態のまま手で押しつぶして柔らかくしたほうがいい）。

特に用意するもの

刷毛、はさみ

作り方の流れ

▼ 生地をこねる	こね上げ温度 25℃
▼ 一次発酵	1時間30分 （1時間→パンチ→30分）
▼ 分割	80g
▼ ベンチタイム	20分
▼ 成形	長さ12cmのやや細いクッペ形
▼ 最終発酵	1時間
▼ 焼成	◉ 溶き卵を塗る ◉ はさみでクープを入れる 200℃　15分

作り方

1. こね〜一次発酵終了までは「角食パン」（→p.38）**1**〜**19**と同様にする。

2. 80gに12個分割する。

3. 細長くまとめ、バットに手粉を薄くふってのせる。ポリシートに手粉をふってバットにふわりとかけ、暖かい所でベンチタイムを約20分とる。

4. 長さ12cmのやや細いクッペ形に成形する（**a**）。

5. 天板にとじ目を下にしてのせる。天板に手粉をふったポリシートをふわりとかけ、暖かい所で最終発酵を約1時間とる。

6. 卵を溶き、刷毛で2回塗る（**b**）。

7. はさみの刃先に水をつけ、**6**の上面に真横から切り目を6ヵ所連続して入れる（**c**）。

8. 200℃のオーブンで約15分焼く。焼き上がったらクーラーにのせて冷ます。

やや細長いクッペ形に成形。生地をだ円形にのばし、向こうから手前に1/3折りたたんで右手の腹でたたいてくっつけ、もう1度手前に1/3折りたたむ。さらに半分に折りたたみながら、左手で合わせ目を内側に巻き込んで芯を作る。とじ目を下にして転がし、長さ12cmの細長いフットボール形にする。

溶き卵は上面だけでなく、側面まで塗ってください。そうすると全体にこんがりとおいしそうな焼き色がつきます。

クープを入れると、焼成中に上面が割れて生地が膨らみやすくなり、中への火通りもよくなります。生地にくっつかないようにするため、はさみの刃先に水をつけます。

食パン生地でアレンジ ❷　［チョコとナッツを入れて］

チョコ＆マカダミア
Pain au chocolat et noix de macadamia

このパンは角食の生地にフィリングを入れるアレンジです。**チョコレート＆マカダミアナッツはトレ・ボン・マリアージュ（最高の相性）！**　味の相性はもちろん、コリンコリンとした食感のアクセントもいいのです。他にもおすすめのマリアージュは、カシューナッツ＆クランベリー、オレンジピール＆チョコレート、フランボワーズ＆チョコレートなどなど。**小麦粉500gで作る生地に対して、フィリング160gを混ぜ込めばアレンジも自在です。**

材料（18個分）

角食パンの生地（→p.38） …… 全量
チョコチップ …… 80g
マカダミアナッツ …… 80g
卵（塗り用）…… 適量

準備

- バターは室温にしばらく置き、指で押すとすっと凹むくらいの固さに戻す（夏季はこねているうちにバターが柔らかくなりすぎるので、室温には戻さずに冷たい状態のまま手で押しつぶして柔らかくしたほうがいい）。
- マカダミアナッツを粗く刻む。

特に用意するもの

刷毛、はさみ

作り方の流れ

▼ 生地をこねる	こね上げ温度 25℃
▼ 一次発酵	1時間30分 (1時間 → パンチ → 30分)
▼ 分割	60g
▼ ベンチタイム	20分
▼ 成形	丸形
▼ 最終発酵	1時間
▼ 焼成	・溶き卵を塗る ・はさみでクープを入れる 180℃　15分

作り方

1. 「角食パン」（→p.38）1〜12と同様にして生地をこねる。

2. バターがだいたい生地に混ざり、まだ台や手にはベタつく段階で、生地を広げ、チョコチップとマカダミアナッツをのせる（a）。生地で包み込んでからこねる（b）。

3. さらに「角食パン」13〜19と同様にこね、一次発酵をとる。

4. 60gに18個分割する。

5. 丸くまとめ、バットに手粉を薄くふってのせる。ポリシートに手粉をふってバットにふわりとかけ、暖かい所でベンチタイムを約20分とる。

6. 丸形に成形する。丸形の成形は「ブリオッシュ・ア・テット」（→p.60）24〜26と同様にする。

7. 天板にのせ、手粉をふったポリシートをふわりとかけて、暖かい所で最終発酵を約1時間とる。

8. 卵を溶き、刷毛で2回塗る。はさみの刃先に水をつけ、上部に十字の切り目を小さく入れる（c）。

9. 180℃のオーブンで約15分焼く。焼き上がったらクーラーにのせて冷ます。

生地を広げ、上にフィリングをのせて生地で包んでからこね続けます。こうすると効率よく生地に混ぜ込むことができます。

フィリングを加えるのは、まだグルテン形成がそれほど強くなく、生地が少しベタついているこれくらいのタイミングで。もっとこねてから加えると、生地にコシがついているのでなかなかなじまず、余計にこねないとならなくなります。余計にこねると、グルテンが強くなりすぎたり、こね上げ温度が高くなったりするのでよくありません。

クープを入れると、焼成中に上部が割れて生地が膨らみやすくなります。生地内側への火通りもよくなります。

Chef's voice

天板に生地を6個ずつのせると、天板3枚分になります。天板2枚までは上下段に入れて同時に焼きましょう。火通りに大きな差が出る場合は、途中で上下段を入れかえて調節してください。残りの天板1枚分は最終発酵終了後に冷蔵庫に入れて発酵がそれ以上進まないようにし、先の天板2枚が焼き終わる15分ほど前に室温に出して、オーブンがあき次第焼きます。

53

食パン生地でアレンジ ❸ ［作り方と形を変えて］

最終発酵で生地の表面を乾燥させる、ちょっと変わった作り方。
それが石畳（パヴェ）のように、四角く焼き上げるコツです。

パヴェ

Pavé

最終発酵であえて表面を乾燥させます。

このパンの名前の「パヴェ」は、フランス語で石畳という意味です。ね、いわれてみればそう見えるでしょ？　このパンは僕のオリジナル。表面は四角形でフラット、側面はぷっくり膨れるこの形にパンを焼くのは、実はコツがいるのです。

　一番のポイントは、**生地を四角形に切り分けたら、溶き卵を塗ってから最終発酵をとること。**通常は最終発酵後に塗りますが、順番が逆です。そして、これまた通常の工程とは違い、上にポリシートをかけずにそのまま最終発酵をとります。**あえて生地の表面を乾燥させたいのです。**

　これらはなぜかといえば、ふつうのパンではふっくらと山形に膨らませるべきところを、このパヴェではあえて平らにしたいので、最終発酵前に塗った卵を乾かして、表面に皮を張ってしまうのです。こうすると焼成中に生地が表面の皮に押さえつけられて膨らめず、平らになります。でもそのかわり、上に膨らめない生地が側面に膨らんでこの形になるのです。**生地の乾燥に気をつかわなくていいから、家庭でのパン作りでも気が楽ですよね。**

成形後に冷凍保存できます！

生地は角食パンや山食パンと同じです。この生地のよいところは、甘いものにも塩味にも合うこと。ロールパンのように食べるシーンを選ばないのです。だから、p.57のようにサンドイッチにするのもおすすめです。

　四角形にカットした後は、冷凍庫で保存もできます。焼成するときは、室温に1時間ほど出してから、最終発酵をとってオーブンに入れてください。

材料（24個分）

角食パンの生地（➡p.38）…… 全量
卵（塗り用）…… 適量

準備

◉ バターは室温にしばらく置き、指で押すとすっと凹むくらいの固さに戻す（夏季はこねているうちにバターが柔らかくなりすぎるので、室温には戻さずに冷たい状態のまま手で押しつぶして柔らかくしたほうがいい）。

特に用意するもの

麺棒、霧吹き、定規、刷毛

CHEF's VOICE

パヴェの生地を冷凍保存するときは、四角形にカットした状態（➡p.56 ⑥）でそのまま保存袋に入れればOK。1週間くらいは保存できます。室温に1時間ほどおいて生地の温度を戻してから、上面に溶き卵を塗って最終発酵をとり、焼成してください。この配合でできる数が多いので、冷凍庫で保存して少しずつ焼いて食べてくださいね。これなら毎週末の朝食は焼きたてパンなんて夢もかないますよ！

食パン生地でアレンジ ❸ ［作り方と形を変えて］

作り方の流れ

生地をこねる
 こね上げ温度 25℃

▼

一次発酵
⏱ 1時間30分
(1時間 ➡ パンチ ➡ 30分)

▼

分割
2分割

▼

成形
- 厚さ1cm、40cm×20cmに のばす
- 3つに折りたたむ
- 冷蔵庫で2時間もしくは 冷凍庫で1時間冷やす
- 4cm角にカット

▼

最終発酵
溶き卵を塗る
⏱ 1時間

▼

焼成
 200℃ ⏱ 15分

バヴェの作り方

1 「角食パン」の生地をのばす。

「角食パン」(➡p.38) ❶〜⓳と同様に生地をこねて一次発酵をとる。一次発酵終了後、2つに分割し、それぞれ麺棒で厚さ1cm、40cm×20cmの長方形にのばす。

> 作業しやすいように半分にします。

2 霧吹きをする。

横長に置き、全体にまんべんなく霧吹きをする。

> 霧吹きの水は❸の工程の生地接着用です。霧吹きがなければ、刷毛でごく薄く水を塗ってください。

3 3つに折りたたむ。

左右から均等に折りたたんで3つ折りにする。

> 左右それぞれ折りたたむたびに、手で押して生地をきちんと密着させます。

4 麺棒で形を整える。

麺棒を転がし、生地の形を整える。

> 折りたたんだ生地をくっつけながら、形を整えます。同時に麺棒を全体に転がすので、生地の中の気泡が細かく均一になります。

5 冷蔵庫か冷凍庫で冷やす。

バットにのせ、冷蔵庫で2時間、もしくは冷凍庫で1時間をめどに冷やして締める。

> 次の工程できれいな四角形に切りやすいように、芯までしっかり冷やして固くします。冷凍庫に入れる場合は凍結させてしまわないように。

6 4cm角にカットする。

包丁で四辺の端を、整えるために少し切り落としてから、4cm角に切る。

> 生地1枚につき12個とれます。

7 溶き卵を2回塗る。
卵を溶き、生地の上面に刷毛で2回塗る。

8 最終発酵を1時間とる。
天板に間隔をあけて並べる。暖かい所で最終発酵を約1時間とる。

このパンは生地の表面をあえて乾かして皮を張らせたいので、ポリシートをかけずに最終発酵をとってください。

9 200℃で15分焼く。
200℃のオーブンで約15分焼く。焼き上がったらクーラーにのせて冷ます。

最終発酵終了時には、生地の厚さが1.5倍くらいに膨らんでいます。表面は乾いてごく薄い膜が張ったような状態です。

パヴェでアレンジ

パヴェのサンドイッチ

Pavé en sandwich

一口サイズのパヴェは、そのまま食べてももちろんおいしいですが、フィリングをはさんで、かわいいサンドイッチにするのもおすすめです。

材料（1個分）

パヴェ …… 1個
マスタードバター（→p.33）…… 適量

◎フィリング
サニーレタス …… ½枚
チェダーチーズ …… ½枚
スモークハム …… ½枚
トマト（スライス）…… ½枚

作り方

1. パヴェを半分にスライスする。上から下へ斜めにスライスすると、フィリングがよく見えておいしそうになります。
2. 切り口にまんべんなくマスタードバターを塗り、フィリングをサンドする。

本書に出てくる
パン作りの言葉

本書に登場するパン作りの言葉の中で、
特に大切な言葉、表現を紹介します。

パン生地の一番のカギ

グルテン

グルテンとは小麦だけに含まれるたんぱく質が作る、網目状の組織のこと。小麦粉に水を加えてこねると、ねばりと弾力性のあるグルテンが形成されます。パン生地の一番のカギとなるのが、このグルテンです。グルテンの強さによって、こねているときの生地の力にも、パンとして焼き上がったときの食感にも違いが表れます。

グルテンの強さを決めるのは、おもに2つの要素です。ひとつは使う小麦粉にたんぱく質がどれだけ含まれているか。もうひとつは、どれだけ力を入れて、どれだけの時間こねるか、です。

基本的に生地は力を入れ、長時間こねるほど、グルテンが強くなります。強くなればなるほど、こねている手に伝わる弾力が増すと思ってください。例えば、はじめはゆるかった生地も、こね続けてグルテンのつながりがより密でしっかりするにしたがい、柔らかくても弾力のある状態になります。押すと、手に柔らかに押し返してくる力を感じ、引っ張るとよくのびます。丸めて置くと、横に広がってダレることなく、お供え餅のような形にとどまるのが、グルテンの力です。

なお、生地をさらにこね続けると、弾力を通り越してブリブリしたまるでゴムのような状態になりますが、この段階はもうパン生地としてはこねすぎ。さらにこね続けると、やがては使い古したゴムのように弾力がなくなります。

焼き上がりの食感としては、グルテンを強くした生地は、大きく膨らみボリュームが出て、ふんわりとします。この一例が食パンや菓子パン系です。

パン生地を表現する

「コシ」「ハリ」「のび」「ヒキ」

これら4つのフレーズはパン作りでよく耳にします。ごく簡単に説明するなら、「コシ」と「ハリ」は同じようなニュアンスで、生地の弾力のこと。コシが強い生地、ハリがある生地といえば、生地を押したとき、生地が戻ってこようとする力を強く感じる生地のことを言います。

「のび」は文字のとおり、生地を引っ張ったときののび方をいいます。

「ヒキ」はおもに焼き上がった生地に対して使う言葉ですが、噛んだときに感じる食感をさします。ヒキが強い生地とは、ぎゅっと噛みちぎるような生地のこと。逆にヒキが弱い生地とは、前歯だけでサックリとかじれるような軽い歯ざわりの生地です。

実はこれらの言葉もすべてグルテンが関わっています。コシとハリを生む弾力、のびはグルテンによってできるものですし、焼き上がったパンのヒキの強弱を決めるのもグルテンです。もちろんパン生地にはグルテン以外の多くの要素もからみますが、パン作りにはグルテンが本当に大切なのです。そして、グルテンは生地をこねるとき、発酵、ベンチタイム、成形などパン作りの全プロセスに関わっているのです。

生地の扱い方が変わります

強い生地、弱い生地

パン生地には強い・弱いがあります。強い生地とは食パンやヴィエノワズリー（菓子パン）などの、おもに強力粉を使い、卵や砂糖、バターも入れて作る生地のこと。強力粉を使うのでグルテンの量が多く、かつ加える副材料がグルテンの形成を妨げるので、多少力を入れてこねたりしても生地に影響が出ない、という意味で強い生地といわれます。

一方、弱い生地とは、小麦粉と水、イースト（そして塩）だけで作るフランスパンのような生地のことです。弱いは語弊があるかもしれませんので、「デリケートな生地」と解釈してください。限られた材料を使い、最少量のイーストで発酵をとるので、特にやさしく扱わないとならないため、弱い生地と呼ばれます。

PART 3

ブリオッシュ
生地

バターや砂糖、牛乳を加えたリッチな生地は

お菓子感覚で食べてもよいでしょう。

フランスの各地方にはさまざまなブリオッシュがあり、

形も味わいもそれぞれ少しずつ違うのが面白いところ。

バリエーション豊富にご紹介します。

リッチなヴィエノワズリー (菓子パン) の一つです。
テットとは「頭」の意。特徴的な形は、僧侶の姿を模したとか。

ブリオッシュ・ア・テット

Brioche à tête

オートリーズでグルテンを自然につなげます。

パンの中でも一番材料がリッチなのがブリオッシュ。卵をたくさん入れるので、生地はベチャベチャと水分が多くなります。これを手でこねていたら30分はかかりますが、僕のレシピではこね時間は10分ほど。その秘密は「オートリーズ」にあります。

オートリーズとは直訳すれば自己分解。生地を2〜3割こねたところで、いったんやめて30分ほどそのままおき、水分を行きわたらせて自然とグルテンをつなげるのです。オートリーズ後の生地は見違えるように変化し、弾力が出て、のびがよくなります。本来は配合がシンプルなフランスパンを、生地に無理なくこねるためのテクニックですが、これをブリオッシュに活かしているのです。オートリーズをとれば、こねる時間を短縮できます。ということは、生地の温度がそれほど上がらずこねられるので、いい状態で発酵へとつなげることができます。グルテンを自然に形成しているので、軽い歯切れの焼き上がりになります。というように、オートリーズはブリオッシュにとっていいことずくめなのです。

失敗しにくく、生地も2日間冷蔵保存OK。

砂糖やバターが多く入っているブリオッシュは、フランスではまるでお菓子のように昔から家庭でもよく作られてきました。一次発酵終了後は、生地を冷蔵庫で2日ほど保存もできます。小分けして焼くことができるので、この点でも家庭でのパン作りにおすすめです。

バターが多く、しかも他のパンよりも長い時間こねるので、室温には特に気をつけて20〜23℃くらいで作業をしましょう。本来生地は冷やしたくないのですが、ブリオッシュだけは大理石やステンレスなどの冷たい台でこねたほうがベターです。

材料 (18個分)

準強力粉 (リスドオル) …… 350g
強力粉 (スーパーカメリヤ) …… 150g
インスタントドライイースト …… 6g
砂糖 …… 60g
塩 …… 12g
卵 …… 4個
牛乳 …… 120g
バター (食塩不使用) …… 200g
卵 (塗り用) …… 適量

ゆるめでこねるのに時間がかかる生地なので、なるべく強いコシを出すために、準強力粉だけでなく、強力粉も加えています。

準備

- 型に油脂 (バターや市販の離剤オイルなど) を塗る。
- 天板もオーブンに入れて予熱しておく。
- バターを冷たい状態のまま手で押しつぶし、指ですっと押せるくらいの固さにする。

特に用意するもの

口径8cm×高さ4cmのブリオッシュ型18個、刷毛

個数が多いので、厚手のアルミ箔製の型を使ってもかまいません。その場合はオーブンの火通りがよくなるので温度と時間に気をつけてください。

作り方の流れ

生地をこねる
[途中オートリーズ30分]
🌡 こね上げ温度25℃

一次発酵
⏱ 2時間
（1時間 ➡ パンチ ➡ 1時間）

分割
60g

ベンチタイム
⏱ 20分

成形
丸形にし、型に入れる

最終発酵
⏱ 1時間

焼成
溶き卵を塗る
🌡 200℃ ⏱ 16分

ブリオッシュ・ア・テットの作り方

1 粉に卵、牛乳の半量を加えて混ぜる。

ボウルに小麦粉をあわせてふるい入れ、ドライイースト、砂糖、塩を入れてゴムべらでむらなく混ぜる。中央を少しくぼませ、卵の全量と牛乳の半量を入れてゴムべらで混ぜる。

2 牛乳の残り半量も加えて混ぜる。

粉に水分が吸われ、これ以上粉が混ざらなくなったら、牛乳の残り半量を加えてさらに混ぜる。

> さらに混ぜて粉に水分を行きわたらせます。牛乳は半量ずつ加えたほうが全体が早く混ざります。

3 むらなく混ざったら、台に出す。

だいたいひとつにまとまり、表面に粉が見えなくなったら、台に出す。

> 加えた水分が粉に行きわたればいいです。まだほろほろしている状態なので、台上で両手で軽くもんでひとつにまとめます。

4 こねる。生地を台に叩きつける。

両手の指先で生地を持ち上げ、台に軽く叩きつける。

> こね方は「こね方Ⓐ」（➡p.8）を参照してください。ゆるくベタつく生地なので、指先だけで扱います。

5 向こう側に折りたたむ。

叩きつけたら、向こう側に折りたたむ。続けて生地の向きを変え、4〜5をくり返してこねる。

> 粉に水分を十分に浸透させながら、グルテンを形成していきます。

6 まとまってきたが、のびない状態。

生地らしくまとまってきたら、状態を確かめる。

> 両手で生地の端を引っ張ってみると、2〜3cmほどで破れてしまいます。ここまでおよそ5分こねて、生地としてはまだ2〜3割の段階。

7 オートリーズのため30分おく。

丸くまとめ、はじめに使ったボウルに入れる。ボウルに手粉をふったポリシートをふわりとかけ、室温で30分休ませる。

> この休ませるプロセスがオートリーズです。30分で生地がつながり、のびがよくなります。

8 オートリーズ後。

オートリーズが終了。

> 30分休ませる前後の状態は明らかに違い、生地がつながっています。

9 生地がきれいにつながっている。

生地の端をつまむと、弾力があり、よくのびる。

> 6と同様に生地を引っ張ってみても、切れずに薄くよくのびるようになっています。

10 生地を広げてバターをのせる。

台に出し、生地を広げてバターをのせる。

> この生地はこねる時間が長いので、バターは途中で溶け出さないように、冷たい状態のまま手で押して柔らかくしておきます。バターの温度が生地よりも2～3℃低いのがベスト。

11 ふたたびこねる。

バターを生地で包み込み、ふたたび4～5と同様にしてこねる。

> もう手にはつかないので、手全体でつかんでこねてOK。ただし手の温度でバターが溶けて生地が柔らかくなるようならば、様子を見ながらに。

12 さらに力を入れてこね続ける。

グルテンが形成されるにしたがい、台や手につかなくなる。

> 強力粉が入っている強い生地なので、折りたたむときに生地に体重をのせてコシをつけましょう。この生地は力を入れてこねても大丈夫です。

13 こね上がり。生地が薄くのびる。

こね上げ温度は25℃。状態を確認する。

> 表面のてかりがなくなれば、バターが生地に混ざった合図。ここまでだいたい10分くらいです。ゆるめでもコシがあり、両手で生地の端を引っ張ると、切れずに薄くなめらかにのびます。

14 一次発酵を計2時間とる。

はじめに使ったボウルに入れ、手粉をふったポリシートをふわりとかけ、暖かい所で一次発酵を計2時間とる。

> バターがたくさん入っている生地なので、バターが溶け出さないように30℃以下で発酵をとってください。

15 途中1時間が経過。

生地が発酵前の1.5倍の大きさになっている。

> ここでパンチのタイミングです。時間だけでなく、必ず生地の大きさを確認してください。

p.64に続く　63

ブリオッシュ・ア・テットの作り方

16 パンチする。

ボウルを逆さにして生地を台に出し、両手で押してパンチする。

コシがある強い生地なので、しっかりと押してガスを抜きましょう。

17 さらに1時間発酵をとる。

手で押した面を内側にして包み込みながら丸く形を整え直し、ボウルに戻す。ボウルにポリシートをふわりとかけ、さらに1時間発酵をとる。

パンチ後の生地は発酵前の大きさに戻ります。

18 一次発酵終了。

再び発酵前の1.5倍の大きさになったら、一次発酵が終了。

時間だけでなく、必ず生地の大きさを見て判断してください。

19 指穴テストをする。

人さし指に手粉をつけて生地にさし入れてすぐに抜き、生地の状態を確かめる。

指を入れた穴がそのまま残ればいい発酵状態です。穴が元に戻ろうとするようならまだ発酵が足りないので、もう少し発酵を続けてください。

20 ガスを抜く。

ボウルを逆さにして生地を台に出す。そのまま両手で軽く押してガスを抜き、押した面を内側にして包み込むようにしながら、分割しやすい形に整える。

きれいな面が表面になるようにしてください。枕形にまとめましょう。

21 60gに分割する。

カードで60gに18個分割する。

22 丸め、ベンチタイムを20分とる。

丸くまとめて、手粉を薄くふったバットにのせる。バットに手粉をふったポリシートをふわりとかけ、暖かい所でベンチタイムを約20分とる。

あとで丸形に成形しやすいように丸くまとめます。

23 ベンチタイム終了。

ベンチタイムが終了。

生地はふっくらと少し膨らんでいます。20分でもこれだけ変わるのですから、パン生地はまさに生きているのです。

24 成形。親指と小指をあてて回す。

丸形に成形する。生地をはさむように、台に右手の親指と小指の側面をつけてのせる。両指の側面は台につけたまま、腹は生地の下部に密着させ、手を反時計回りに数回回転させる。

生地下部を中心に向かって締めています。

25 手のひらをかぶせて回す。
次に手のひらを生地に軽くかぶせて同様に数回回転させる。

> この動きで生地の上面をきれいにならしています。

26 丸形に成形できる。
最後に小指の腹を下部中心に向かって押し込む。これで下部中心にヘソができる。

> 24、25で生地の上面をなめらかに張らせ、下部に向かって生地を寄せ集めた状態になっているので、最後に下部の中心をしっかりと閉じます。

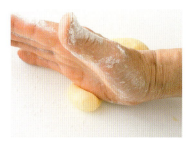

27 くびれを作る。
生地の端から1cmくらいのところに、右手の小指側の側面をのせる。そのまま台上で手を動かしてくびれを作る。

> くびれはしっかりと作ってください。これがブリオッシュ・ア・テットの頭部になります。

28 型に入れる。
頭部をつまんでそっと持ち、型に入れる。

29 頭部を押し込む。
頭部が中心にくるように形を整え、頭部の周りに人さし指を4ヵ所ほどさし込む。

> 人さし指は型の底につくまでしっかりさし込みます。これで頭部のつけ根が下部にしっかりとくっつきます。

30 最終発酵を1時間とる。
型を天板などに並べ、手粉をふったポリシートをふわりとかけて暖かい所で最終発酵を約1時間とる。

> 一次発酵と同様に、バターを溶かさないよう、発酵温度は30℃を超えないように注意してください。

31 最終発酵終了。
最終発酵が終了。

> 生地が型の縁より上までふっくらと膨らんでいればOKです。

32 溶き卵を塗り、200℃で16分焼く。
卵を溶き、刷毛で2回塗る。予熱しておいた天板に型を移し、200℃で約16分焼く。焼き上がったら、すぐに型から出してクーラーの上で冷ます。

Chef's voice

一度に焼けない場合は、焼けない分を成形後に冷蔵庫に入れて発酵を止めておいても大丈夫。強力粉や砂糖、卵が入った強い生地なので、しばらくならば問題ありません。焼く15分前に冷蔵庫から出して室温に戻し、天板があき次第、どんどん焼いていきましょう。

ブリオッシュ生地でアレンジ ［形を変えてひと工夫］

タルト・シュクル
Tarte au sucre

ムースリーヌ
Brioche mousseline

ブリオッシュ生地でアレンジ ［形を変えてひと工夫］

タルト・シュクル
Tarte au sucre

ブリオッシュ生地を平らに焼くタルト・シュクルはフランス各地にありますが、ノルマンディー地方では特に伝統的なパンとして愛されています。乳製品が豊富なこの地方らしく、卵の上に生クリームを塗り、バターをのせて風味豊かに焼き上げます。ふりかけたヴェルジョワーズが焼成中にキャラメル状になり、香ばしさを増します。

材料（14枚分）
- ブリオッシュ・ア・テットの生地（→p.60）…… 全量
- 卵（塗り用）…… 適量
- 生クリーム …… 適量
- バター（食塩不使用）…… 約15g
- ヴェルジョワーズ …… 適量

> ヴェルジョワーズはてんさい糖からできる未精製の茶色い砂糖。砂糖きびから作られる同じく粗糖のカソナードを使ってもいいです。

準備
- 生地のバターは冷たい状態のまま手で押しつぶし、指ですっと押せる固さにする。
- 仕上げ用のバターは5mm角にカットする。

特に用意するもの
麺棒、刷毛

作り方の流れ
- ▼ 生地をこねる　［途中オートリーズ30分］こね上げ温度 25℃
- ▼ 一次発酵　2時間［1時間→パンチ→1時間］
- ▼ 分割　80g
- ▼ ベンチタイム　20分
- ▼ 成形　直径10cmにのばす
- ▼ 最終発酵　1時間
- ▼ 焼成
  - 溶き卵、生クリームを塗る
  - バターをのせる
  - ヴェルジョワーズをふる
  - 200℃　11分

作り方
1. こね〜一次発酵までは「ブリオッシュ・ア・テット」(→p.60) 1〜20と同様にする。
2. 80gに14個分割し、丸くまとめる。バットに手粉を薄くふって並べ、手粉をふったポリシートをふわりとかける。暖かい所でベンチタイムを約20分とる。
3. 麺棒で直径10cmくらいにのばす（a）。
4. 天板にのせ、天板に手粉をふったポリシートをふわりとかける。暖かい所で最終発酵を約1時間とる。
5. 指で押して10ヵ所ほどくぼませる。
6. 卵を溶き、刷毛で2回塗る。その上から生クリームも塗る（b）。
7. 5mm角にカットしたバターを3切れずつのせる。
8. 全体にヴェルジョワーズをまんべんなくふる（c）。
9. 200℃のオーブンで約11分焼く。焼き上がったらクーラーにのせて冷ます。

a　麺棒は軽く転がすくらいの力加減で。生地をぎゅうぎゅうと強く押してガスを抜ききらないようにしてください。

b　溶き卵、生クリームの順に塗ります。生クリームはくぼみにたまるほどたっぷりと。

c　バターをのせ、ヴェルジョワーズをふってオーブンへ。焼き色はこんがり、というよりも浅めで。ソフトな口当たりに焼き上げてください。大きく膨らむ必要がないので、余ったブリオッシュ生地で翌日に作るのにも向いています。

ムースリーヌ
Brioche mousseline

ブリオッシュ生地の定番中の定番の形のアレンジで、円筒形の型に入れて焼きます。型の中で生地は側面には広がることができず、上へ上へとのび上がるので、生地の目が大きくのびて軽い食感になるのが特徴。厚めに輪切りにしてトーストすると、大きくのびた気泡がサクサクに。

材料（5個分）

ブリオッシュ・ア・テットの生地
　（➡ p.60）…… 全量
卵（塗り用）…… 適量

準備

- 紙（パラフィン紙や製菓用敷紙など）を型よりも2cm高くなるように切り、型の内側に巻きつける。他に直径8cmに切り、型の底に敷く。
- 天板もオーブンに入れて予熱しておく。
- 生地のバターは冷たい状態のまま手で押しつぶし、指ですっと押せるくらいの固さにする。

特に用意するもの

直径10cm×高さ12cmのムースリーヌ型5個、はさみ、パラフィン紙または製菓用敷紙、刷毛

作り方の流れ

▼ 生地をこねる	［途中オートリーズ30分］こね上げ温度 25℃
▼ 一次発酵	2時間 ［1時間➡パンチ➡1時間］
▼ 分割	230g
▼ ベンチタイム	20分
▼ 成形	丸形に成形し、型に入れる
▼ 最終発酵	1時間30分
▼ 焼成	・溶き卵を塗る ・はさみでクープを入れる 200℃　25分

作り方

1 こね～一次発酵までは「ブリオッシュ・ア・テット」（➡p.60）**1**～**20**と同様にする。

2 230gに5個分割し、丸くまとめる。バットに手粉を薄くふって並べ、手粉をふったポリシートをふわりとかける。暖かい所でベンチタイムを約20分とる。

3 丸形に成形する（**a**）。上部をつまんで持ち上げ、準備した型に入れる（**b**）。型に手粉をふったポリシートをふわりとかけ、暖かい所で最終発酵を約1時間30分とる。

4 型の縁から2～3mm下まで膨らんだら、最終発酵終了。

5 卵を溶き、刷毛で上面を2回塗る。はさみの刃先に水をつけ、上部に大きく十字の切り目を入れる（**c**）。

6 予熱しておいた天板にのせ、200℃のオーブンで約25分焼く。焼き上がったら、すぐに型から出してクーラーにのせて冷ます。

丸形に成形します。まず両手を生地の上から下部中心に向かって動かしながら、表面をなめらかに整えます。次に両手の小指側の側面を台につけた状態で生地にあてて回転させ、下部中心を締めてヘソを作ります。

上部をつまみ持ち、型に入れます。

十字の切り目を入れると、上部が割れて膨らみやすくなります。型が支えとなってよく膨らむので、一次発酵後に冷蔵庫で保存した2日めの生地でも向きます。

ブリオッシュ生地でアレンジ ［形を変えてひと工夫］

シャランテーズ
Brioche charentaise

エシレバターの生産地として有名なエシレ村がある、フランス西部シャラント地方の伝統的なブリオッシュ。エシレの有塩発酵バターを上にのせて焼き上げるので、溶けたバターが生地にジュワリと染み込み、発酵バターならではの濃厚な風味と香りがブリオッシュをさらにおいしくします。

材料（18個分）
ブリオッシュ・ア・テットの生地
　（→p.60）…… 全量
卵（塗り用）…… 適量
発酵バター（有塩）…… 約6g
グラニュー糖 …… 適量

準備
- 生地のバターは冷たい状態のまま手で押しつぶし、指ですっと押せるくらいの固さにする。
- 仕上げ用のバターは5mm角にカットする。

特に用意するもの
刷毛、はさみ

作り方の流れ
▼ 生地をこねる　［途中オートリーズ30分］　こね上げ温度 25℃
▼ 一次発酵　2時間　［1時間→パンチ→1時間］
▼ 分割　60g
▼ ベンチタイム　20分
▼ 成形　丸形
▼ 最終発酵　1時間
▼ 焼成
- 溶き卵を塗る
- はさみで十字にクープを入れる
- 発酵バターをのせる
- グラニュー糖をふる
- 200℃　18分

作り方

1 こね〜一次発酵までは「ブリオッシュ・ア・テット」（→p.60）**1**〜**20**と同様にする。

2 60gに18個分割し、丸くまとめる。手粉をふったバットに並べる。バットに手粉をふったポリシートをふわりとかけ、暖かい所でベンチタイムを約20分とる。

3 丸形に成形し、天板に並べる（**a**）。天板に手粉をふったポリシートをふわりとかけ、暖かい所で最終発酵を約1時間とる。

4 卵を溶き、刷毛で2回塗る。

5 はさみの刃先に水をつけ、上部に十字の切り目を入れる（**b**）。

6 5mm角にカットしたバターをのせる。

7 グラニュー糖を2つまみずつふる（**c**）。

8 200℃のオーブンで約18分焼く。焼き上がったらクーラーにのせて冷ます。

丸形に成形し、ベンチタイムをとります。丸形の成形は「ブリオッシュ・ア・テット」手順**24**〜**26**を参照してください。

上部にはさみで十字の切り目を入れます。このクープから発酵バターが生地に染み込みます。

発酵バターをのせ、グラニュー糖をたっぷりとふって焼成します。

ポンポネット
Pomponnette

南仏でよく出会うブリオッシュは、生地にオレンジフラワーウォーターを入れたもの。オレンジフラワーウォーターは甘く爽快な香りが独特です。ポンポネットはあられ糖をのせてかわいらしく焼き上げます。南仏では半分にスライスして、クレーム・パティシエール（→p.36）をサンドしてよく食べます。これもたまらなくおいしい！

材料（19個分）

ブリオッシュ・ア・テットの生地（→p.60） …… 全量
オレンジフラワーウォーター …… 12g
卵（塗り用） …… 適量
あられ糖 …… 適量

> オレンジフラワーウォーターはビターオレンジの花を蒸留したエッセンスウォーター。少量でとてもいい香りがします。

準備

- 生地のバターは冷たい状態のまま手で押しつぶし、指ですっと押せるくらいの固さにする。

特に用意するもの

刷毛

作り方の流れ

▼ 生地をこねる　［途中オートリーズ30分］こね上げ温度 25℃

▼ 一次発酵　2時間 ［1時間→パンチ→1時間］

▼ 分割　60g

▼ ベンチタイム　20分

▼ 成形　丸形

▼ 最終発酵　1時間

▼ 焼成
- 溶き卵を塗る
- あられ糖をのせる
- 200℃　18分

作り方

1 こね〜一次発酵までは「ブリオッシュ・ア・テット」（→p.60）**1**〜**20**と同様にする。ただし、バターが生地に入ったらオレンジフラワーウォーターを加え（**a**）、さらにこねる（**b**）。

2 60gに18個分割し、丸くまとめる。バットに手粉を薄くふって並べる。バットに手粉をふったポリシートをふわりとかけ、暖かい所でベンチタイムを約20分とる。

3 丸形に成形し、天板に並べる。天板に手粉をふったポリシートをふわりとかけ、暖かい所で最終発酵を約1時間とる。

4 卵を溶き、刷毛で2回塗る。

5 あられ糖をびっしりとのせる（**c**）。

6 200℃のオーブンで約18分焼く。焼き上がったらクーラーにのせて冷ます。

バターを加えて生地の表面にてかりがなくなったら、オレンジフラワーウォーターを加えます。生地を広げ、そこにオレンジフラワーウォーターをこぼれないように流します。

生地で包み込んでから、さらにこねます。生地に均一にオレンジフラワーウォーターが練り込まれたらこね上がり。

あられ糖は焼いても溶けないので、カリンカリンと楽しい歯ごたえになります。たっぷりとのせましょう。

ブリオッシュバリエーション　[形と味を変えて]

ブリオッシュ生地の材料と分量をアレンジし、
クグロフの塩味バージョンを作ります。

クグロフ・サレ
Kouglof salé

"甘辛"を一緒にしたお気に入りのクグロフ。

クグロフの生地はブリオッシュからの派生です。本家フランス・アルザス地方のクグロフはほとんどが甘いタイプで、伝統的な発酵菓子として愛されていますが、僕が現地で印象的だったのは、この塩味のクグロフ・サレ。==ほんのりと甘くリッチな生地に、ベーコンの軽い塩味と玉ねぎのソテーの組み合わせが絶妙に合うのです。==ブーランジェリーよりも、地元のレストランでアペリティフと一緒につまむつきだしとして、よく食べた記憶があります。

土地のワインに合わせて、すっきりしたリースリングでも、甘口のゲヴュルツトラミネールでも、どちらでもいけますよ！ もちろんビールにも合います。==僕のレシピは黒こしょうを軽くきかせてスパイシーな風味にしていますが、バジリコペーストやドライトマトペースト、ドライハーブなどを入れて味をアレンジしてもいいですね。==

素焼きのクグロフ型で焼きましょう。

クグロフは独特の型の形が特徴。ストラスブール郊外のスフレンハイムという村に行くと、この地の土で作られたスフレンハイム焼きの陶製のクグロフ型が街のあちこちで売られていました。==クグロフの型は、やっぱり陶器でないとダメ。あの形の中心までしっかり火を入れるためには、熱がじっくりと伝わる陶製が一番で、金属製の型だと外側のほうが焦げやすくなるのです。==

といっても、お土産屋さんに並んでいる手描き模様のかわいらしいクグロフ型は、残念ながら実用性という意味ではNG。薄手のものが多くて割れやすかったり、手書きの模様がはがれてきたりします。模様入りのクグロフ型はキッチンの飾りに、焼成用は素焼きのしっかり丈夫なものを買い求めてくださいね。

材料（5個分）

- 準強力粉（リスドオル）……350g
- 強力粉（スーパーカメリア）……150g
- インスタントドライイースト……6g
- 砂糖……55g
- 塩……12g
- 黒こしょう（粗挽き）……小さじ½
- 卵……4個
- 牛乳……140g
- バター（食塩不使用）……80g
- ベーコン……100g
- 玉ねぎ……100g

黒こしょうを生地に練り込んでピリッとスパイシーにします。

準備

- バターを冷たい状態のまま手で押しつぶし、指ですっと押せるくらいの固さにする。
- 型に油脂（バターや市販の離型オイルなど）を塗る。

特に用意するもの

口径15cm×高さ9cmのクグロフ型5個

ブリオッシュバリエーション ［形と味を変えて］

作り方の流れ

生地をこねる
 こね上げ温度25℃

▼

一次発酵
 1時間30分
（1時間 ➡ パンチ ➡ 30分）

▼

分割
220g

▼

ベンチタイム
 20分

▼

成形
リング状にし、型に入れる

▼

最終発酵
 1時間

▼

焼成
 180℃　 30分

クグロフ・サレの作り方

1 ベーコンと玉ねぎを炒める。

ベーコンと玉ねぎをそれぞれ5mm角に切る。フライパンでベーコンを弱火で軽く炒め、脂が出てきたら玉ねぎを加えて炒める。

> 玉ねぎがしんなりすればいいです。

2 粉や黒こしょうを混ぜる。

ボウルに小麦粉をあわせてふるい入れ、ドライイースト、砂糖、塩、黒こしょうを入れる。「ブリオッシュ・ア・テット」（➡p.60）の**1**〜**9**と同様にする。

> ただしオートリーズはなしでこねます。

3 こねて生地がつながる。

生地がなめらかになってつながり、端を引っ張ると少しのびて切れる状態までこねる。ここでバターを加える。

4 バターを混ぜてさらにこねる。

生地を広げてバターをのせ、生地で包んでからさらにこねる。

> 「ブリオッシュ・ア・テット」の**10**〜**12**を参照してください。バターは溶け出さないように、生地よりも温度が2〜3℃低いのがベストです。

5 ベーコンと玉ねぎを加える。

バターが生地に混ざったら、生地を広げ、**1**のベーコンと玉ねぎをのせる。

> 生地の表面からてかりがなくなったら、バターが混ざった合図なので、ベーコンと玉ねぎを入れてください。

6 生地で包む。

生地で包み込む。

> ベーコンと玉ねぎをこぼさないように生地で包み込んでからこねます。

7 さらにこねる。

さらに軽くこねる。

ベーコンと玉ねぎが全体に混ざればOKです。

8 こね上がりをチェック。

こね上がりの状態。

両手で生地の端を引っ張ると、切れずに薄い膜状にのびれば、こね上がりです。

9 一次発酵を計1時間30分とる。

丸くまとめ、はじめに使ったボウルに入れる。こね上げ温度は25℃。ボウルに手粉をふったポリシートをふわりとかけ、暖かい所で一次発酵を計1時間30分とる。

10 一次発酵終了。

一次発酵が終了。

生地が1.5倍の大きさになれば一次発酵が終了です。時間だけでなく、必ず生地の大きさを確認してください。

11 指穴テストをする。

人さし指に手粉をつけ、生地にさし込んですぐに抜く。

穴がそのままの形を維持していれば、いい発酵状態です。もし元に戻ろうとするなら、まだ発酵が足りないので、もう少し発酵をとってください。

12 分割後ベンチタイム、丸形に成形。

ボウルを逆さにして台に生地を出し、両手で押して軽くガスを抜く。220gに5個分割し、丸くまとめる。手粉を薄くふったバットに並べ、バットに手粉を薄くふったポリシートをふわりとかけ、暖かい所でベンチタイムを約20分とる。丸形に成形する。

13 リング状にする。

中央に指で穴をあけて広げ、リング状に形を作る。型に入れる。

14 型に入れて最終発酵をとり、焼成。

きれいに整える。型に手粉をふったポリシートをふわりとかけ、暖かい所で最終発酵を約1時間とる。180℃のオーブンで約30分焼く。焼き上がったら型から出して、クーラーの上で冷ます。

最終発酵は型の縁まで膨らむのが目安。

Chef's voice

一度に焼けない場合は、成形後に冷蔵庫に入れて発酵を止めても大丈夫。焼く15分前に冷蔵庫から出して温度を戻し、オーブンがあき次第焼きましょう。小さいクグロフ型で焼いてもいいです。口径10cm×高さ6.5cmのクグロフ型ならば、生地の分割は80g、焼成時間を5分短くしてください。

ブリオッシュでアレンジ

ボストック
Brioche Bostock

これはブーランジェリーならではの、余ったムースリーヌ（→p.69）の活用レシピ。ところが余り物とは思えないほどのおいしさです。ムースリーヌを厚くスライスし、オレンジフラワーウォーターの香りがいいアパレイユを染み込ませてから、クレーム・ダマンドを塗って焼き上げます。アパレイユをしっかりと吸ったほうがおいしいので、焼きたてのムースリーヌではなく、焼いた翌日くらいのちょっと乾いたもので作りましょう。

材料（6枚分）

- ムースリーヌ（→p.69）…… 1本
- 砂糖 …… 125g
- アーモンドパウダー（皮むき）…… 45g
- 水 …… 250g
- オレンジフラワーウォーター（→p.71）…… 37g
- クレーム・ダマンド（→p.35）…… 適量
- 粉糖 …… 適量

準備
- 天板にオーブンシートを敷く。

特に用意するもの
パレットナイフ、オーブンシート、茶こし

作り方

1 鍋に砂糖、アーモンドパウダー、水を入れてゴムべらで混ぜてから、火にかける（a）。人肌くらいになって砂糖が溶けたら火を止め、オレンジフラワーウォーターを加える（b）。ボウルに移して冷ます。

2 ムースリーヌの上部の膨らんだ部分は切り落とし、波刃包丁で厚さ2cmに6枚スライスする（c）。

3 クーラーをバットの上にのせる。1のアパレイユに2を浸し（d）、クーラーにのせて余分なアパレイユをきる。この状態で冷蔵庫にしばらく入れて冷やす。

4 3にクレーム・ダマンドを薄く塗り（e）、オーブンシートを敷いた天板に並べる。

5 170℃のオーブンで約20分焼く。冷めてから、茶こしで粉糖をふる（f）。

a 砂糖とアーモンドパウダー、水を鍋に入れ、焦げつかないように一度混ぜてから火にかけます。

b オレンジフラワーウォーターは香りを飛ばさないように、火を止めてから加えます。

c ムースリーヌは焼いた翌日以降の少し乾いたくらいのものを使います。そのほうがアパレイユをたっぷり吸うのです。

d アパレイユは必ず冷ましてから使います。ムースリーヌは生地の目が粗めなので、アパレイユの温度が熱いとすぐに生地が膨張して目が開き、フニャフニャになってしまいます。逆に冷たくても染み込みにくいので気をつけてください。

e アパレイユに浸してからいったん冷やすと、クレーム・ダマンドを塗りやすくなります。

f こんなプロっぽい仕上げの飾りはどうでしょう。パレットナイフを上面にあて、その上から茶こしで粉糖をふってください。

SPECIAL COLUMN
フランスの家庭でも作られてきた地方色豊かなパン

フランスを見渡してみても、実はパンにはあまり地方性がありません。でもブリオッシュだけは例外で、各地方の気候風土に合わせて生まれた名物が豊富です。その理由は、昔から家庭でも卵やバターを入れたお菓子感覚で作られてきたため。フランス各地の主婦がおいしい産物を入れるうちにアレンジが生まれたのではないかと思います。地方の伝統菓子も、ブリオッシュ生地がベースになっているものがわりに多いのです。さて、僕がこのところ注目しているのは、新年のエピファニーの時期に食べる「ガトー・デ・ロワ」。日本でもお馴染みになったガレット・デ・ロワのブリオッシュ版で、おもに南フランスで作られます。生地にはオレンジフラワーウォーターを練り込み、リング状の形の上にあられ糖やドライフルーツを飾って王冠のように仕上げます。もちろん可愛らしいフェーヴ入りです。フランスに行った際には、是非その土地のブリオッシュを探してみてください。

PART 4

クロワッサン生地

藤森シェフいわく、

「クロワッサンはバターを食べさせるもの」。

バターを贅沢に使いますので、

作るときには室温が大切になります。

室温さえ高くなければ、生地の扱いは難しくありません。

チョコレートやフルーツなど甘いものとも、

ソーセージなどの塩味とも好相性です。

クロワッサンの味わいはバターが要。
こねすぎに注意しながら、バターと生地の美しい層を目指します。

クロワッサン
Croissant

クロワッサンはバターリッチに。

クロワッサンは「バターを食べる」パン、というのが僕の持論。ミルキーでやさしくて、ちょっと香ばしいリッチな香りが鼻に抜けるのが、たまらないんです。だから、日本には甘いクロワッサンが多いけれど、僕は反対。甘くすると、バターの風味が薄れてしまうのです。お菓子じゃなくてパンだから、甘みはほんのり程度。砂糖はイーストの発酵を促すために入れるのです。

バターを味わうためにも、折り込みのバターはぜひ発酵バターを使ってください。発酵バターは乳酸菌で発酵させたバターで、ちょっと酸味があってコクもあり、何といっても香りが抜群。普通のバターよりも値段は高いですが、せっかく作るのだから、クロワッサンだけは発酵バターにこだわってほしい！

バターリッチなクロワッサンは、フランスでは日曜日の朝食など、いつもよりちょっと贅沢なイメージ。発酵バターの中でも、とくに今日は！ という日にはぜひ世界一といわれるエシレバターを奮発してみてください。おいしいことといったらないですよ。

ちなみにフランスでは、まっすぐに成形したクロワッサンがバターで作ったもの。三日月形はマーガリンを使っていることを意味します。僕のクロワッサンはもちろん、まっすぐな形です。

バターと生地できれいな層を作りましょう。

作り方の大きなポイントは、生地をこねるときに強く練らないこと。クロワッサンの生地はイースト入りのパイ生地のようなものなので、練ってグルテン形成を強くすると、コシが強くなりすぎて生地ののびが悪くなります。そして折り込みの工程では、生地を冷やし、休ませ、バターのきれいな層を作ること。この2つを守ると、ふっくらと、そして口当たりの軽いクロワッサンができます。

材料（10個分）
準強力粉（リスドオル）…… 250g
スキムミルク …… 10g
インスタントドライイースト …… 4g
砂糖 …… 40g
塩 …… 5g
牛乳 …… 125g
卵 …… 1/2個
バター（食塩不使用）…… 7.5g
発酵バター（食塩不使用。折り込み用）
　…… 150g
卵（塗り用）…… 適量

スキムミルクを入れるとミルキーなやさしい香りが出て、焼き色もつきやすくなります。牛乳でもこの働きは同じですが、牛乳の量が多いと生地が発酵しにくくなるので、スキムミルクとバランスをとって配合しています。

準備
◎ 生地のバターは室温にしばらく置き、指で押すとすっと凹むくらいの固さに戻す。
◎ 折り込み用のバターは冷蔵庫で冷やしておく。

特に用意するもの
麺棒、刷毛

| 作り方の流れ | | クロワッサンの作り方 |

生地をこねる
 こね上げ温度 25℃

▼

一次発酵
 1時間30分

▼

折り込みバター
薄くのばす

▼

折り込み
- 冷凍庫に20〜30分入れて冷やす
- 3つ折り×3回（折るたびに冷蔵庫で30分休ませる）

▼

分割
- 厚さ3mm、40cm×15cmにのばす
- 底辺7cmの二等辺三角形にカット
- 冷蔵庫で1時間休ませる

▼

成形
巻く

▼

最終発酵
 1時間30分

▼

焼成
溶き卵を塗る
200℃ 15分

1 小麦粉とスキムミルクをふるう。

小麦粉とスキムミルクを合わせ、ボウルにふるい入れる。

> スキムミルクは水分に直接触れるとダマになりやすいので、あらかじめ小麦粉と合わせます。

2 ドライイースト、砂糖、塩も加える。

ドライイースト、砂糖、塩も入れ、ゴムべらでむらなく混ぜる。

3 牛乳、卵を加えて混ぜる。

牛乳と全卵を溶き合わせる。**2**の中央をくぼませ、これを加えて混ぜる。

> 粉に水分を行きわたらせます。けっして練り合わせないように。

4 水分が行きわたった状態。

このくらいの状態まで混ぜたら、作業台に出し、両手で軽くもむようにしてまとめる。

> 粉の表面から水っぽさがなくなればいいです。クロワッサンはとくに軽い歯ざわりが大切なので、混ぜすぎ、こねすぎに注意してください。

5 こねる。

（→p.9）「こね方B」でこねる。

> どちらかといえば固めの生地です。こねるとはいっても、練ってグルテンを形成しすぎるとコシが強くなり、この後の工程で生地がのびにくくなるので注意しましょう。

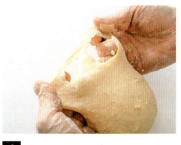

6 生地はまだのびない。

台や手に生地がつかなくなった段階。

> 両手で生地の端を引っ張ると、すぐにちぎれてしまいます。まだ生地としてはつながっていない状態です。

7 バターを加える。

生地を広げてバターをのせる。

> バターは生地よりも2〜3℃低い温度がちょうどいいです。量は少ないですが、バターを加えると生地ののびがよくなり、折り込みしやすくなります。

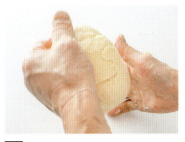

8 さらにこねる。

バターを包み、5と同様にしてさらにこねる。

9 生地はまだ切れる状態。

バターのてかりがなくなるまでこねる。

> 生地の端をのばすと、まだすぐに切れます。こねが足りなさそうですが、時間とともにグルテンは自然につながるので大丈夫です。クロワッサンはとにかくこねすぎに注意です！

10 一次発酵を1時間30分とる。

生地を丸くまとめ、はじめに使ったボウルに入れる。こね上げ温度は25℃。ボウルに手粉をふったポリシートをふわりとかけ、暖かい所で一次発酵を約1時間30分とる。途中でパンチはしない。

11 一次発酵終了。

一次発酵が終了。生地は発酵前の1.5倍の大きさに膨らんでいる。

12 指穴テストをする。

人さし指に手粉をつけ、生地にさし込んですぐに抜く。

> 穴がそのままの形を維持すれば、いい発酵状態。もし元の形に戻ろうとしたら、まだ発酵が足りないので、もう少し発酵時間をとりましょう。

13 ガスを抜く。

ボウルを逆さにして生地を台に出し、そのまま両手で押してガスを抜く。

14 冷凍庫で20〜30分冷やす。

バットに手粉を薄くふり、生地を入れる。手で少し押して平らに整える。手粉をふったポリシートをふわりとかけ、冷凍庫に20〜30分入れる。

> 生地を冷やして折り込みをしやすくします。かちかちに凍らせないよう注意！

15 折り込み用バターを準備する。

生地を冷やしている間に、バターの準備をする。バターを厚さ1cmにスライスする。

> 16〜17でのばしやすいように、薄くスライスしましょう。バターは室温に戻さず、冷たいまま扱ってください。以降、成形まで涼しい所で作業を。

p.84に続く

クロワッサンの作り方

16 バターを麺棒で叩く。

バターをポリシートにのせ、上にもかぶせる。麺棒で叩く。

まず麺棒で叩いてのばしやすい固さにします。

17 薄くのばす。

四方にのばして20cm×15cmにする。

18 冷蔵庫で冷やしておく。

冷蔵庫に入れて冷やしておく。

折り込みに使う直前まで冷やしておきます。ただしカチカチに冷たいと折り込めないので、柔らかくて溶け出さない程度に冷やしておいてください。

19 折り込み。生地をのばす。

生地を冷蔵庫から出す。すぐに麺棒で45cm×22cmにのばす。

生地の方向を縦横に変え、全方向に向かってのばします。こうしないと焼成中に焼き縮みしやすくなります。

20 バターをのせる。

生地を横長に置く。冷蔵庫からバターを出し、生地の中央に縦長にのせる。

万が一、冷やしすぎてバターがカチカチになった場合は、一度麺棒で叩いて扱いやすい固さに戻しましょう。

21 右から生地を折りたたむ。

生地を右から折りたたむ。

きちんとバターにかぶさるように整えてください。このバターの包み方は簡単で、しかも生地の隅々まで均等にバターが行きわたる方法です。家庭ではとてもおすすめ！

22 麺棒を転がして密着させる。

麺棒を転がして生地とバターを密着させる。

麺棒はしっかりと転がして大丈夫です。

23 左からも生地を折りたたむ。

左側の生地も同様に折りたたみ、きれいに形を整える。

24 麺棒で密着させ、形を整える。

麺棒を転がして生地とバターを密着させる。

25 端を折りたたむ。

左右を折りたたんだときの上下は閉じていないので、ここも1cmほど折りたたんでよく押してくっつける。

> これでバターを包む作業が終わりました。この後、3つ折りを計3回します。

26 長さ45cmにのばす。

25で閉じた部分を上下にして生地を置き、麺棒で長さ45cmにのばす。

> 生地の向きは変えずに、均等に力をかけてのばしてください。包んだバターが生地の四隅まできちんと行きわたるようにのばすことが大切です。

27 3つ折りをする。

奥、手前からそれぞれ均等に折りたたんで3つ折りにする。

28 麺棒で形を整える。

麺棒を転がし、生地をしっかり密着させながら、形を整える。

29 1回めの3つ折りが完了。

3つ折りの1回め。バットにのせ、ポリシートをかけて冷蔵庫で30分休ませる。

> グルテンをゆるめて次の3つ折りをしやすくし、バターが柔らかくなりすぎないように冷蔵庫で休ませます。きちんと休ませるのがきれいな層を作るポイント。

30 指で「1回め」の印をつける。

生地に指であとをつけておく。

> ブーランジェリーではたくさん生地を扱うので、折り込み回数をまちがえないように、折り込みするたびに指で印をつけます。家庭ではしなくてもよいのですが、プロっぽいでしょ？

31 3つ折りをあと2回する。

生地を29で折りたたんだ向きから90度回転させ、同様に麺棒で45cmにのばし、奥、手前から均等に3つ折りする。冷蔵庫で30分休ませる。これをもう1回くり返す。

> 焼き縮みしないように、毎回生地の向きを変えながら3つ折りします。

32 生地をのばし、分割。

3回めの折り込みが終わって冷蔵庫で30分休ませた生地を、台上に出す。3回めに折りたたんだ向きを90度回転させて置き、麺棒で厚さ3mm、40cm×15cmにのばす。

> 前日に31までして冷蔵庫に入れ、翌日にこの成形以降をしてもOK。

33 三角形に切り、1時間休ませる。

横長に置き、上下をきれいに切り落とす。端から、底辺が7cmの二等辺三角形を包丁で10枚カットする。1枚の重さはおよそ50g。バットに入れてポリシートをかけ、冷蔵庫で1時間休ませる。

p.86に続く

| クロワッサンの作り方

34 成形。底辺に切り目を入れる。

生地を冷蔵庫から出す。底辺の中心に、包丁で長さ5mmの切り目を入れる。

> クロワッサンは折り込みでできた層が大切。33 でカットした切り口、つまり生地の層には触らないように気をつけて成形しましょう。

35 頂点を引っ張る。

底辺を向こう側にして置き、左手で底辺を持ち、右手で手前の頂点を軽く引っ張る。

36 巻く。

底辺に入れた切り目を左右に少し開きながら、両手を底辺の上に置く。そのまま切り目を左右両端に多少引っ張るようにしながら、ひと巻きして芯を作る。あとは手前に軽く転がして巻く。

> 層をつぶさないように軽く巻きます。

37 最終発酵を1時間30分とる。

天板に巻き終わりを下にして並べる。天板に手粉をふったポリシートをふわりとかけ、暖かい所で最終発酵を1時間30分とる。

> バターが溶け出してしまうので、30℃以上にはならないように。

38 最終発酵終了。

最終発酵が終了。

> 生地が1.5倍くらいの大きさになればOKです。必ず時間だけでなく、生地の大きさで確認してください。

39 溶き卵を塗り、200℃で15分焼く。

卵を溶き、刷毛で2回塗る。200℃のオーブンで約15分焼く。焼き上がったらクーラーにのせて冷ます。

> 溶き卵は生地の層をつぶさないようにやさしくていねいに塗りましょう。

CHECK

成形後の生地の断面にきれいな層がありますか？ きれいな層が焼き上がると、このように美しいうずまき状になります。

焼成前

焼成後

Chef's voice

一度に焼けない場合は2回に分けて焼いても大丈夫。この生地には砂糖や卵が入っているので、あとで焼く分は冷蔵庫にしばらく入れて発酵を止めておきます。焼く15分前に冷蔵庫から出して温度を戻しましょう。もしくは 34 以降の成形を1回に焼ける量ずつするとベストです。

余ったクロワッサン生地を使って

分割のときに出る、余ったクロワッサン生地の活用レシピです。
生地に混ぜ込んだグラニュー糖が焼成中にキャラメリゼされて、カリカリッとした口当たりに。

クロッカン
Croquant

材料（2個分）

余ったクロワッサン生地（→p.80）
　　……約100g
くるみ……35g
グラニュー糖……15g
ナパージュ（上がけ用）……適量

◎グラス（上がけ用）
　粉糖……90g
　シロップ……30g

> シロップは小鍋にグラニュー糖100gと水125gを火にかけて沸騰させ、冷ましたものです。

準備
◉ 天板も予熱する。
◉ グラスを作る。ボウルに粉糖とシロップを入れて、粉糖が溶けるまで静かに混ぜ合わせる。

特に用意するもの
口径10cm×高さ3cmのマドレーヌ型2個、型と同サイズのアルミカップ2個、霧吹き、刷毛

作り方

1. 余ったクロワッサン生地を包丁でざっくりと2cm角くらいにカットする。

2. くるみをのせて生地と一緒に刻み、グラニュー糖もふりかけてさらに刻む（a）。

3. 型にアルミカップを敷き、型離れがよいように霧吹きをする。

4. 2を70〜80g入れ（b）、軽く押してなじませる。

5. 上に手粉をふったポリシートをふわりとかけ、最終発酵を約1時間30分とる。

6. 予熱しておいた天板に5を並べ、200℃で約20分焼く。

7. 焼き上がったら、熱いうちにすぐにナパージュを刷毛で塗る。グラス（砂糖ごろも）を人肌に温めて、刷毛でところどころに塗る（c）。

生地を小さく刻むのと同時に、くるみとグラニュー糖を混ぜ込んで刻みます。

型は手持ちのものでOK。アルミカップだけでもいいです。ただし浅い型のほうが火通りがよく、カリッと焼き上がります。ギュッと詰めると固くなるので、ひとつにまとまる程度になじませます。

ナパージュはつや出しと、生地がグラスを吸わないようにするために塗ります。ナパージュは製品の説明通りに加熱などの準備をしてください。

クロワッサン生地でアレンジ ❶　[チョコレートを巻いて]

パン・オ・ショコラ
Pain au chocolat

クロワッサン生地のアレンジといえば、このパン・オ・ショコラでしょう。中に巻くチョコレートも、バトンショコラという専用の棒状製品が販売されています。僕はチョコレート好きなので、バトンショコラはリッチに3本巻きます。**焼くと、チョコレートが少し溶けて生地に染みた部分と、カリンとした歯ざわりが残っている所があって、2つのチョコレートのおいしさが混在します。**生地の層をつぶさないようにやさしく扱って成形してください。

材料（6個分）

クロワッサンの生地（→p.80）
　……全量
バトンショコラ……18本
卵（塗り用）……適量

> バトンショコラは市販の棒状の製パン用チョコレートです。1本約3.3g、長さ7.8cmの製品を使っています。

準備

- 生地のバターは室温にしばらく置き、指で押すとすっと凹むくらいの固さに戻しておく。

特に用意するもの

麺棒、刷毛

作り方の流れ

▼ 生地をこねる　こね上げ温度 25℃

▼ 一次発酵　1時間30分

▼ 折り込み
- 冷凍庫に20〜30分入れて冷やす
- 3つ折り×3回（折るたびに冷蔵庫で30分休ませる）

- 厚さ3mm、40cm×15cmにのばす

▼ 分割
- 13cm×7cmにカット
- 冷蔵庫で1時間休ませる

▼ 成形　バトンショコラ3本を巻く

▼ 最終発酵　1時間

▼ 焼成　溶き卵を塗る　200℃　15分

作り方

1. 「クロワッサン」（→p.80）**1**〜**32**と同様にする。

2. 13cm×7cmに6枚カットする。バットに入れてポリシートをかけ、冷蔵庫で1時間休ませる。

3. 冷蔵庫から出して台上に横長に置く。生地の左端から2cmほどの所にバトンショコラを1本置く。

4. 生地を左端からバトンショコラにかぶせる（**a**）。

5. 巻いた生地の上にバトンショコラを2本並べて置く（**b**）。

6. 2本並べたバトンショコラを芯にして巻く。

7. 巻き終わりを下にして天板に並べ、天板に手粉をふったポリシートをふわりとかける。暖かい所で最終発酵を約1時間とる（**c**）。

8. 卵を溶き、刷毛で2回塗る。200℃のオーブンで約15分焼く。焼き上がったらクーラーにのせて冷ます。

a 生地の左端から2cmほどあけ、バトンショコラを1本置きます。バトンショコラが生地の上下からほんの少しずつはみ出るように置いてください。左から生地をかぶせます。

b かぶせた生地が少し余るので、この上にバトンショコラを2本のせ、あとは最後まで巻きます。生地の層をつぶさないように、力を入れず転がしましょう。

c 最終発酵後は1.5倍くらいの大きさに。生地の層がそれぞれふっくらと膨らみ、バトンショコラとのすき間が埋まっています。最終発酵は30℃を超えるとバターが溶け出してしまうので、気をつけてください。

| クロワッサン生地でアレンジ ❷　［ソーセージを巻いて］

パン・ア・ラ・ソシス
Pain à la saucisse

クロワッサン生地は塩味系のアレンジとも好相性。バターの香りがリッチな生地にマスタードを塗り、ソーセージを巻きましょう。そうざいパンにもなりますし、ワインやビールにもよく合います。このパンは、**サイズを小さくするとパーティ向きのフィンガーフードにもうってつけ。**その場合は生地のカットを半分の大きさの3.5cm角にして縦長に少しのばし、長さ4cmくらいの小さいソーセージを巻いてください。

材料（10個分）

クロワッサンの生地（→p.80）
　……全量
マスタード……適量
ソーセージ（長さ7.5cmくらい）……10本
マヨネーズ……適量
パセリ（ドライ）……適量
卵（塗り用）……適量

準備

- 生地のバターは室温にしばらく置き、指で押すとすっと凹むくらいの固さに戻しておく。

特に用意するもの

麺棒、はさみ、刷毛

作り方の流れ

▼ 生地をこねる　こね上げ温度 25℃

▼ 一次発酵　1時間30分

▼ 折り込み
- 冷凍庫に20〜30分入れて冷やす
- 3つ折り×3回（折るたびに冷蔵庫で30分休ませる）

▼ 分割
- 厚さ3mm、40cm×15cmにのばす
- 7cm角にカット
- 冷蔵庫で1時間休ませる

▼ 成形
- マスタードを塗り、ソーセージを巻く
- クープを入れ、マヨネーズとパセリをのせる

▼ 最終発酵　1時間

▼ 焼成　溶き卵を塗る　200℃　15分

作り方

1. 「クロワッサン」（→p.80）**1**〜**32**と同様にする。

2. 7cm角に10枚カットする。バットに入れてポリシートをかけ、冷蔵庫で1時間休ませる。

3. 冷蔵庫から出し、麺棒で少しのばして縦長の長方形にする。

4. 生地の中央より少し向こう側にマスタードを塗る。

5. 卵を溶き、生地の手前側の縁に刷毛で塗る。

6. マスタードの上にソーセージをのせる（**a**）。

7. 向こう側から生地をソーセージの上にかぶせ、これを芯にして手前に転がして巻く。巻き終わりを下にして上から軽く手で押し、生地の合わせ目をつける。

8. 天板に並べる。はさみの先端に水をつけ、生地上面の中央に2ヵ所さしてクープを入れる（**b**）。

9. クープの上にマヨネーズをのせ、その上にパセリをふる（**c**）。

10. 天板に手粉をふったポリシートをふわりとかけ、暖かい所で最終発酵を約1時間とる。

11. 卵を溶き、刷毛で2回塗る。200℃のオーブンで約15分焼く。焼き上がったらクーラーにのせて冷ます。

a 生地の接着用に、手前の縁に溶き卵を塗ってから巻きます。ソーセージはちょうどいい長さでなければ、左右両端から5mmくらいはみ出るようにカットします。

b はさみで2ヵ所穴をあけます。この穴があるのでマヨネーズがこぼれにくくなり、生地の膨らみもよくなります。

c マヨネーズをのせてパセリをふりかけ、最終発酵をとります。一度に焼けない場合は、この成形後に冷蔵庫にしばらく入れて発酵を止めておいても大丈夫ですよ。焼く15分前に冷蔵庫から出して温度を戻しましょう。最終発酵は30℃を超えるとバターが溶け出してしまうので、気をつけてください。

クロワッサン生地でアレンジ ❸ ［形を変えてひと工夫］

ダノワーズ
Danoise

ダノワーズはフランス語で「デニッシュ」のこと。本来は卵や砂糖、バターをたっぷり入れて、よりお菓子に近い甘めの生地を作るのですが、甘いトッピングをのせれば違いはほとんどわからないので、家庭ではクロワッサン生地で作りましょう。ただし**砂糖が少ない分、おいしそうな濃い焼き色がつきにくいので、焼成前に卵黄を2回塗るのがポイントですよ。**形とトッピングを変えていろいろなアレンジを楽しみましょう！

ムーラン
Moulin

ムーランとはフランス語で「風車」という意味。複雑な形のように見えますが、覚えてしまえば成形は簡単です。

材料（9個分）
- クロワッサンの生地（→p.80）…… 全量
- クレーム・ダマンド（→p.35）…… 45g
- アーモンド …… 4½個
- 卵黄（塗り用）…… 適量

準備
- 生地のバターは室温にしばらく置き、指で押すとすっと凹むくらいの固さに戻しておく。
- アーモンドを縦半分に切る。
- 塗り用の卵黄は、卵黄2対水1（分量外）で溶き合わせる。

特に用意するもの
麺棒、絞り袋、丸口金（口径3mm）、刷毛

作り方の流れ

▼ 生地をこねる	こね上げ温度 25℃
▼ 一次発酵	1時間30分
▼ 折り込み	◉冷凍庫に20〜30分入れて冷やす ◉3つ折り×3回（折るたびに冷蔵庫で30分休ませる）
▼ 分割	◉厚さ4mmにのばす ◉8cm角にカット ◉冷蔵庫で1時間休ませる
▼ 成形	◉切り目を入れ、クレーム・ダマンドを絞る ◉ムーラン形にする
▼ 最終発酵	1時間
▼ 焼成	◉卵黄を塗る 200℃ 15分

作り方

1. 「クロワッサン」（→p.80）**1**〜**32**と同様にする。ただし麺棒で厚さ4mmで、**2**でカットしやすいサイズにのばす。

2. 8cm角に9枚カットする。バットに入れてポリシートをかけ、冷蔵庫で1時間休ませる。

3. 4つの角から対角線上に、包丁で4.5cm長さの切り目を入れる。

4. 塗り用の卵黄を刷毛で4つの角に塗る（**a**）。

5. 絞り袋に丸口金をつけてクレーム・ダマンドを入れる。切り目の先端を結ぶようにリング状に5gずつ絞る。

6. 切り目の片側の生地の先端を、順に中心に折りたたむ（**b**）。

7. 生地が重なった中心に半分に切ったアーモンドをのせ、その上から強く押して生地をよくくっつける（**c**）。

8. 天板にのせ、天板に手粉をふったポリシートをふわりとかける。暖かい所で最終発酵を約1時間とる。

9. 塗り用の卵黄を刷毛で2回塗る。200℃のオーブンで約15分焼く。焼き上がったらクーラーにのせて冷ます。

a 生地の四つ角に切り目を入れ、角にそれぞれ卵黄を塗ります。卵黄は生地の接着用です。

b クレーム・ダマンドをリング状に絞ってから、切り目の片側の生地を順に中心に向かって折りたたみます。

c 中心にアーモンドをのせ、しっかりと押しつけてそれぞれの生地、そしてアーモンドをくっつけます。

クロワッサン生地でアレンジ ❸ ［形を変えてひと工夫］

スリーズ

Cerises

さくらんぼ、という名前の通り、中にダークチェリーのシロップ漬けを入れます。この成形はブーランジェリーでは定番で、船形とも呼ばれます。

材料（9個分）

- クロワッサンの生地（→p.80）…… 全量
- クレーム・パティシエール（→p.36）…… 適量
- ダークチェリーのシロップ漬け（市販）…… 36個
- 卵黄（塗り用）…… 適量
- 粉糖…… 適量

準備

- 生地のバターは室温にしばらく置き、指で押すとすっと凹むくらいの固さに戻しておく。
- 塗り用の卵黄は、卵黄2対水1（分量外）で溶き合わせる。

特に用意するもの

麺棒、絞り袋、丸口金（口径3mm）、刷毛、茶こし

作り方の流れ

▼ 生地をこねる　こね上げ温度 25℃

▼ 一次発酵　1時間30分

▼ 折り込み
- 冷凍庫に20～30分入れて冷やす
- 3つ折り×3回（折るたびに冷蔵庫で30分休ませる）

▼ 分割
- 厚さ4mmにのばす
- 8cm角にカット
- 冷蔵庫で1時間休ませる

▼ 成形
- 切り目を入れ、船形にする

▼ 最終発酵　1時間

▼ 焼成
- クレーム・パティシエールを絞る
- ダークチェリーのシロップ漬けをのせる
- 卵黄を塗る
- 200℃　15分

作り方

1　「クロワッサン」（→p.80）**1**～**32**と同様にする。ただし麺棒で厚さ4mmで、**2**でカットしやすい大きさにのばす。

2　8cm角に9枚カットする。バットに入れてポリシートをかけ、冷蔵庫で1時間休ませる。

3　対角線で半分に折り、左右の辺の縁から5mmの所に切り目を入れる。ただし2つの切り目が交差する頂点5mmだけは切り離さずに残す（**a**）。

4　生地を開いて元に戻す（**b**）。塗り用の卵黄を刷毛で縁に塗る。

5　切れているほうの角を、対角に向かって折りたたむ。対角のほうの切れている生地も同様に折りたたむ。それぞれよくくっつける（**c**）。

6　天板に並べ、天板に手粉をふったポリシートをふわりとかける。暖かい所で最終発酵を約1時間とる。

7　絞り袋に丸口金をつけてクレーム・パティシエールを入れる。中央に少量ずつ絞り入れる。

8　ダークチェリーのシロップ漬けを4個ずつのせる。

9　塗り用の卵黄を刷毛で生地部分に2回塗る。200℃のオーブンで約15分焼く。焼き上がったらクーラーにのせて冷ます。粗熱が取れたら、生地の上に茶こしで粉糖をふる。

生地を対角線で折りたたみ、左右の辺の縁から5mm内側に包丁で切り目を入れます。このときに2つの切り目が交差する頂点の所5mmだけは切り離さないようにしてください。

aで切り目を入れた生地は、このようになります。

切れている2つの角を、それぞれ対角に向かって折りたたんでくっつけると、この形になります。ブーランジェリーで昔からよく作る、船形と呼ばれる成形です。

マロニエ
Marronnier

栗のクリームを絞り、栗の甘露煮と渋皮煮をのせた栗づくし。秋に食べたい一品です。

材料（10個分）

クロワッサンの生地（→p.80）…… 全量
クレーム・ド・マロン（市販）…… 適量
栗の甘露煮（市販）…… 10個
栗の渋皮煮（市販）…… 10個
卵黄（塗り用）…… 適量
粉糖 …… 適量

準備

- 生地のバターは室温にしばらく置き、指で押すとすっと凹むくらいの固さに戻しておく。
- 塗り用の卵黄は、卵黄2対水1（分量外）で溶き合わせる。

特に用意するもの

麺棒、絞り袋、丸口金（口径3mm）、刷毛、茶こし

作り方の流れ

▼ 生地をこねる　こね上げ温度 25℃

▼ 一次発酵　1時間30分

▼ 折り込み
- 冷凍庫に20〜30分入れて冷やす
- 3つ折り×3回（折るたびに冷蔵庫で30分休ませる）

▼ 分割
- 厚さ4mmにのばす
- 15cm×4cmにカット
- 冷蔵庫で1時間休ませる

▼ 最終発酵　1時間

▼ 成形
- クレーム・ド・マロンを絞る
- 栗をのせる

▼ 焼成
卵黄を塗る
200℃　15分

作り方

1 「クロワッサン」（→p.80）**1**〜**32**と同様にする。ただし麺棒で厚さ4mmで、**2**でカットしやすいサイズにのばす。

2 15cm×4cmに10枚カットする（**a**）。バットに入れてポリシートをかけ、冷蔵庫で1時間休ませる。

3 天板に並べる。天板に手粉をふったポリシートをふわりとかけ、暖かい所で最終発酵を約1時間とる。

4 絞り袋に丸口金をつけてクレーム・ド・マロンを入れる。**3**に均等に4ヵ所小さく絞る（**b**）。

5 栗の甘露煮と渋皮煮をそれぞれ半分にカットして、**4**に交互に2切れずつのせ、ぎゅっと押して生地とよくくっつける（**c**）。

6 塗り用の卵黄を、刷毛で**5**の生地の部分に2回塗る。200℃のオーブンで約15分焼く。焼き上がったらクーラーにのせて冷ます。粗熱が取れたら、生地の上に茶こしで粉糖をふる。

生地をカットし、最終発酵をとる。

クレーム・ド・マロンを絞ります。生地と栗を接着する糊の代わりです。クレーム・ド・マロンはクレーム・ダマンド（→p.35）にしてもいいです。

栗の甘露煮と渋皮煮を交互にのせ、ぎゅっと押して生地とくっつけます。あとは卵黄を塗って焼きましょう。

クロワッサン生地でアレンジ ❹　[りんごをのせて]

ポム
Pomme

クロワッサン生地を使った"ダノワーズもどき"のレシピをさらにご紹介します。ダノワーズのいいところは、==生地を土台にして、季節のフルーツをいろいろな形でおいしく食べられること。==りんごはキャラメル味に甘く柔らかく煮たコンポートと、生のままのスライスをのせ、濃厚な味わいとフレッシュ感をどちらも出しました。りんごと相性のいいバニラやシナモンの香りをきかせています。

材料（12個分）

クロワッサンの生地（→p.80）…… 全量

◎ りんごのコンポート（作りやすい量）
- りんご …… 中1個（300g）
- バター（食塩不使用）…… 25g
- 砂糖 …… 45g
- バニラスティック …… 1/6本

りんご …… 3個
シナモンシュガー …… 適量
バター（食塩不使用）…… 1cm角12個
卵黄（塗り用）…… 適量
シロップ、ナパージュ（上がけ用）
…… 各適量

> シナモンシュガーはグラニュー糖5対シナモンパウダー1の割合で混ぜて作ります。シロップはグラニュー糖100gと水125gを火にかけて沸騰させ、冷ましたものです。

準備
- 生地のバターは室温にしばらく置き、指で押すとすっと凹むくらいの固さに戻しておく。
- 塗り用の卵黄は、卵黄2対水1（分量外）で溶き合わせる。

特に用意するもの
麺棒、りんご形のぬき型（直径12cm）、刷毛

作り方の流れ

▼ 生地をこねる	🌡こね上げ温度 25℃
▼ 一次発酵	⏱1時間30分
▼ 折り込み	◎ 冷凍庫に20〜30分入れて冷やす ◎ 3つ折り×3回（折るたびに冷蔵庫で30分休ませる）
▼ 分割	◎ 厚さ3mmにのばす ◎ りんご形のぬき型でぬく ◎ 冷蔵庫で1時間休ませる
▼ 最終発酵	⏱1時間
▼ 成形	◎ 卵黄を塗る ◎ りんごのコンポート、スライスしたりんご、シナモンシュガー、バターをのせる
▼ 焼成	🌡200℃ ⏱20分 シロップを塗る
▼ 仕上げ	◎ ナパージュを塗る

作り方

1 りんごのコンポートを作る。りんごの皮をむいて芯を取り、小さめに刻む。フライパンにバターを熱してりんごをソテーし、砂糖とバニラスティックを加えて弱火で煮る。りんごがくたくたに柔らかくなり、キャラメル色になったら、そのまま冷ましておく。

2「クロワッサン」（→p.80）**1**〜**32**と同様にする。麺棒で厚さ3mmにのばす。

3 りんご形のぬき型で12枚ぬく。バットに入れ、バットに手粉をふったポリシートをかけ、冷蔵庫で1時間休ませる。

4 冷蔵庫から出し、天板に並べる。天板にポリシートをふわりとかけ、暖かい所で最終発酵を約1時間とる（**a**）。

5 上にのせるりんごは皮をむいて芯を取り、厚さ3mmにスライスする。

6 塗り用の卵黄を刷毛で**4**に2回塗る。

7 中央に**1**のりんごのコンポートを約15gずつのせる（**b**）。

8 スライスしたりんごを1/4個分ずつのせる（**c**）。

9 シナモンシュガーをふり、バターをのせる（**d**）。

10 200℃のオーブンで約20分焼く。焼き上がったら、すぐに生地部分にシロップを刷毛で塗る。クーラーにのせて冷ます。

11 冷めてから、りんごの上にだけ刷毛でナパージュを塗る（製品の説明通りに加熱などの準備をする）。

最終発酵をとった生地は、1.5倍くらいの厚さに膨らんでいます。

卵黄を2回塗り、りんごのコンポートをのせます。

薄くスライスしたりんごを1/4個分ずつ、少しずつ均等にずらしながら倒してのせます。

上にシナモンシュガーをふりかけ、1cm角のバターをのせます。

クロワッサン生地でアレンジ ❺ ［洋梨をのせて］

ポワール

Poire

フランスの道具屋さんで洋梨形のぬき型を見つけ、ひと目ぼれして衝動買いしてしまいました。このかわいらしい形を生かすなら、ダノワーズしかないでしょう。**洋梨はフレッシュをのせて焼くと味がぼやけるので、缶詰のものを使います。**薄くスライスして、1個の半割を洋梨の形のままたっぷりとのせています。ぬき型は洋梨形でなくてもかまいませんので、お手持ちの型で作ってみてください。

材料（10個分）

クロワッサンの生地（→p.80）…… 全量
クレーム・パティシエール（→p.36）
　…… 150g
洋梨（缶詰）…… 半割10個
卵黄（塗り用）…… 適量
シロップ …… 適量
ナパージュ（上がけ用）…… 適量

> シロップはグラニュー糖100gと水125gを火にかけて沸騰させ、冷ましたものです。

準備

- 生地のバターは室温にしばらく置き、指で押すとすっと凹むくらいの固さに戻しておく。
- 塗り用の卵黄は、卵黄2対水1（分量外）で溶き合わせる。

特に用意するもの

麺棒、洋梨型（長径15cm）、絞り袋（丸口金）、刷毛

作り方の流れ

▼ 生地をこねる　こね上げ温度 25℃

▼ 一次発酵　1時間30分

▼ 折り込み
- 冷凍庫に20～30分入れて冷やす
- 3つ折り×3回（折るたびに冷蔵庫で30分休ませる）

▼ 分割
- 厚さ3mmにのばす
- 洋梨形のぬき型でぬく
- 冷蔵庫で1時間休ませる

▼ 最終発酵　1時間

▼ 成形
- 卵黄を塗る
- クレーム・パティシエール、洋梨をのせる

▼ 焼成　200℃　20分
シロップを塗る

▼ 仕上げ　ナパージュを塗る

作り方

1. 「クロワッサン」（→p.80）**1**～**32**と同様にする。麺棒で厚さ3mmにのばす。

2. 洋梨形のぬき型で10枚ぬく。バットに入れ、バットに手粉をふったポリシートをかけ、冷蔵庫で1時間休ませる。

3. 冷蔵庫から出し、天板に並べる。天板にポリシートをふわりとかけ、暖かい所で最終発酵を約1時間とる。

4. 洋梨は厚さ3mmにスライスする。

5. 塗り用の卵黄を刷毛で**3**に2回塗る。

6. 絞り袋に丸口金をつけてクレーム・パティシエールを入れ、中央に約15gずつ絞る。

7. スライスした洋梨を半割1個分ずつのせる（**a**）。

8. 200℃のオーブンで約20分焼く。焼き上がったら、すぐに生地部分にシロップを刷毛で塗る（**b**）。クーラーにのせて冷ます。

9. 冷めてから、洋梨の上にだけ刷毛でナパージュを塗る（製品の説明通りに加熱などの準備をする・**c**）。

最終発酵をとった生地に塗り用の卵黄を2回塗り、クレーム・パティシエールを絞った上に洋梨をのせます。

焼き上がったら、すぐにシロップを生地の上に塗ります。これはつやを出すためです。

冷めてから、洋梨のつや出しのためにナパージュを塗ります。生地には塗らないように。ナパージュのかわりに、加熱して熱くしたアプリコットジャムを塗ってもいいです。

クロワッサンでアレンジ

クロワッサン・オザマンドは、正直に言うと、もともとは前日売れ残ったクロワッサンの再生メニュー。ところがクレーム・ダマンドを加えることで驚きの変身をとげるのです。リッチな味わいなので、おやつにもよいですね。わざわざこれを作りたくなるおいしさです。

あんクロワッサンはクロワッサン・オザマンドのあんこバージョン。これもかなりイケるのです。フランス語で「あんクロワッサンを1個お願いします」というフレーズにかけて、"あんクロワッサン（un croissant＝クロワッサン1個）、シル・ヴ・プレ（お願いします）"という商品名で絶賛販売中です（笑）！

クロワッサン・オザマンド
Croissant aux amandes

材料（4個分）

クロワッサン …… 4個
クレーム・ダマンド（→p.35）…… 80〜100g
アーモンドスライス …… 適量
粉糖 …… 適量

作り方

1. 波刃包丁でクロワッサンを上下半分にスライスする。
2. 下部にクレーム・ダマンドを薄く塗り（a）、上部を重ねて元の形に戻す。
3. 上部全体にクレーム・ダマンドを15〜20gずつ塗る（b）。
4. アーモンドスライスをたっぷりとのせる（c）。
5. 170℃のオーブンで約15分焼く。上面に塗ったクレーム・ダマンドが乾けばいいので、焼きすぎないように。焼き上がったらクーラーにのせて冷ます。冷めてから、茶こしで粉糖をふる。

あんクロワッサン
Un croissant, s'il vous plaît

材料（4個分）

クロワッサン …… 4個
粒あん（市販）…… 適量

◎粒あんクリーム
粒あん（市販）…… 40g
クレーム・ダマンド（→p.35）…… 40g

粉糖 …… 適量

作り方

1. 波刃包丁でクロワッサンを上下半分にスライスする。
2. 下部に粒あんを薄く塗り、上部を重ねて元の形に戻す。
3. 粒あんとクレーム・ダマンドを混ぜ合わせる。
4. 2の上部全体に3を20gずつ塗る。
5. 左記「クロワッサン・オザマンド」の5と同様に焼き、仕上げる。

PART 5

人気の生地

ここではパン屋さんでよく見かける

「パン・ド・カンパーニュ」生地、

そして最近人気の高加水パン「リュスティック」生地の

作り方をご紹介します。

特にリュスティックは、シェフのイチ推しパンで、

実は家庭では一番作りやすいとのこと。

ぜひ挑戦してみてください。

低温で一晩ゆっくりと発酵させた中種を使います。
作りやすく、風味と香りもよい、素朴な味わいのパン。

パン・ド・カンパーニュ

Pain de campagne

中種が天然酵母種のかわりです。

僕の店ではパン・ド・カンパーニュは天然酵母種で作ります。でも家庭で天然酵母を維持するのは大変です。そこで、僕は家庭では中種を使った作り方をおすすめしています。

中種法は生地の一部をあらかじめ発酵させ、それを残りの材料と混ぜて本ごねする方法です。中種は小麦粉とイースト、水を混ぜ合わせて発酵をとった後、冷蔵庫に一晩入れて低温でゆっくりと発酵させます。モルトシロップは、低温の冷蔵発酵でもイーストが力を失わないための栄養源です。冷蔵庫ではイーストの活動はほとんど停止するので、生地は膨らみませんが、熟成がゆっくりと進みます。これがおいしさにつながるのです。

風味、香りがよくなり、発酵も安定。

中種を使うメリットは、すでに発酵している生地を本ごねに入れるので、風味も香りもしっかり出ることです。中種はいうなれば長距離ランナーのような存在で、ブレのない力を発揮し、生地の発酵を安定させてくれます。おかげで温度や湿度などまわりの環境や、時間の影響を受けにくくなり、より失敗せずにおいしいパンを焼くことができるようになるのです。

ゆっくりと発酵をとったパンは、おいしさも長持ちするのです。パン・ド・カンパーニュのような素朴で味わい深いパンは、焼き上がってから時間がたつにつれておいしさを増すように作りたいものです。そのために中種の力を生かしています。

前日に中種を作るのが面倒という方は、当日仕込みでも大丈夫です。その場合はインスタントドライイーストの量を倍にして、暖かい所で2時間発酵をとれば中種ができ上がります。本ごね以降は同様にしてください。

材料（1個分）

◇ 中種
- 中力粉（テロワール ピュール）…… 125g
- インスタントドライイースト …… 1g
- モルトシロップ …… 1g
- 水 …… 125g

◇ 本ごね
- 中力粉（テロワール ピュール）…… 125g
- ライ麦粉（細挽き）…… 25g
- インスタントドライイースト …… 1g
- 水 …… 60g
- 塩 …… 4g

生地に強いコシをつけたくないので、中力粉を使います。

準備

● バットに熱湯をたっぷりと張ってオーブンの下段に入れ、予熱しておく。予熱温度はオーブンの最高温度に設定する。

特に用意するもの

直径18cmのバヌトン、クープナイフ

バヌトンとは、籘製の発酵専用のかごのこと。パンの成形を助けてくれるだけでなく、余分な水分を取るなどの役割があります。

103

作り方の流れ

中種
- 発酵を2時間とる
- 冷蔵庫で一晩発酵をとる

▼

生地をこねる
🌡 こね上げ温度25℃

▼

一次発酵
⏱ 2時間
（1時間 ➡ パンチ ➡ 1時間）

▼

成形
- 丸形
- バヌトンに入れる

▼

最終発酵
⏱ 1時間

▼

焼成
クープを入れる
🌡 250℃　⏱ 30分
（スチームあり）

パン・ド・カンパーニュの作り方

1 モルトシロップを溶く。

前日に中種を作る。モルトシロップを分量の水のうち少量で溶く。

> モルトシロップは粘りがあるので、あらかじめ水で溶きます。

2 粉に他の材料を加える。

ボウルに小麦粉をふるい入れ、ドライイーストを入れ、水で溶いたモルトシロップ、水を加える。

> 使っているテロワール ピュールは、フランス産小麦100％で作られているので、小麦の風味がよく出ます。

3 ゴムべらで混ぜる。

ゴムべらで均一に混ぜる。

> かなりゆるく、粘りがあります。

4 発酵を2時間とる。

生地をきれいにまとめる。ボウルに手粉をふったポリシートをふわりとかけ、暖かい所で2時間の発酵をとる。

5 冷蔵庫で一晩発酵をとる。

そのまま冷蔵庫に移し、一晩発酵をとる。

> 全面に気泡が出て、周囲のほうが少し盛り上がっていれば発酵終了。気泡が小さければまだ発酵不足で、気泡が大きければ発酵しすぎ。写真の気泡の大きさがちょうどいい発酵状態です。

6 本ごね。材料をボウルに入れる。

本ごねをする。別のボウルに小麦粉とライ麦粉をふるい入れ、ドライイーストを入れ、中央をくぼませる。

7 水を加える。

中央のくぼみに水を入れる。

8 水分を行きわたらせる。

ゴムべらで混ぜて粉に水を行きわたらせる。

> 練り混ぜすぎてコシをつけないように、軽く混ぜ合わせます。コシがつくと、このあと加える中種が生地に混ざりにくくなります。

9 塩を加える。

まだ水分が行きわたっていないが、全体にある程度混ざったら、塩を加える。

> シンプルな配合の生地なので、塩がイーストの働きを邪魔しないように、イーストが粉とある程度混ざってから塩を加えましょう。

10 さらに混ぜる。

さらに混ぜて水分を行きわたらせる。

11 中種を加える。

粉の表面に水っぽさがなくなり、小さい塊ができはじめてきたら、**5**の中種を加える。

> 中種はどろりとしたゆるい状態です。一晩ゆっくりと発酵をとったので、少しすっぱいようないい香りがしているはずです。

12 ゴムべらで混ぜる。

ゴムべらで全体を均一に混ぜる。

13 こねる。生地をつまみ持ち上げる。

だいたいまとまってきたら、生地を台に出す。「**こね方B**」(➡p.9)でこねる。

> ライ麦が入っているためとても粘るので、手粉を多めに使ってください。手にベタベタとつくので、指先でつまみ持つようにしてこねます。

14 台に叩きつける。

持ち上げた生地を軽く台に叩きつける。

> 強く叩きつけてコシをつけすぎないようにしてください。

15 向こう側に折りたたむ。

叩きつけたら、そのまま向こう側に折りたたむ。**13**〜**15**をくり返す。

p.106に続く

パン・ド・カンパーニュの作り方

16 まだつながりきらない状態。

台にも手にもつかなくなり、指で押すと弾力がある状態に。

> 生地の端を両手で引っ張ると、かろうじてのびますが、できた膜はなめらかではありません。とりあえずグルテンはつながった状態。こねはこの程度でOK。

17 丸く整える。

表面をきれいに張らせながら、丸く形を整える。こね上げ温度は25℃。

18 一次発酵を計2時間とる。

はじめに使ったボウルに入れ、手粉をふったポリシートをふわりとかけて暖かい所で一次発酵を計2時間とる。途中1時間経過したら、ボウルを逆さにして台に出し、軽く四方から折りたたんでパンチする。ボウルに戻してさらに1時間発酵をとる。

19 一次発酵終了。

パンチ後に再び1.5倍の大きさに膨らめば、一次発酵終了。

> 時間だけでなく、必ず生地の大きさを確認してください。

20 指穴テストをする。

人さし指に手粉をつけて生地にさし込み、すぐに抜く。

21 穴が形を維持するいい状態。

指であけた穴がそのままの形を維持すれば、いい発酵状態。

> 穴が元の形に戻ろうとしたら、まだ発酵不足なので、もう少し発酵をとってください。

22 台に出し、ガス抜きをする。

ボウルを逆さにして生地を台に出す。出したときの上面が内側になるように包み込みながらガス抜きする。

> 力を入れて押す必要はありません。軽くガスを抜きましょう。

23 丸形に成形する。

両手で丸形に成形する。

> まず両手を生地の上から下部中心に向かって動かしながら、表面をなめらかに整えます。次に両手の小指側の側面を台につけた状態で生地にあてて回転させ、下部中心にヘソを作ります。

24 バヌトンに手粉をふる。

バヌトンに手粉をたっぷりとふり入れる。

> バヌトンがなくても発酵はとれますが、あったほうがすり鉢形のバヌトンを支えにして生地がよく膨らみます。バヌトンなしで発酵をとると膨らみが弱く、目が詰まりぎみになります。

25 生地を入れる。

生地の上下を返し、底側をつまむようにして持ち、バヌトンに入れる。

> 生地を押したりしないように、そっと入れてください。

26 最終発酵を1時間とる。

バヌトンに手粉をふったポリシートをふわりとかけ、暖かい所で最終発酵を約1時間とる。

27 最終発酵が終了。

最終発酵が終了した状態。

> 生地は1.5倍くらいの大きさに膨らんでいます。最終発酵も時間だけでなく、生地の大きさを確認してください。

28 天板に移し、クープを入れる。

バヌトンを逆さにし、生地を天板に出す。クープナイフでクープを入れる。

> クープは刃を少し上ぎみに向けて、左手で生地を軽く押さえながら、生地をすっと切り開くように2～3mmの深さに入れます。

29 クープは手早く。

クープは□（四角）の形に入れた後、その中に×（バツ）を入れる。

> クープを入れると生地上面が割れるので、膨らみやすくなり、皮が薄くのびて軽い食感になります。内側の生地もよくのび、火通りもよくなります。

30 スチームを入れ250℃で30分焼く。

バットに熱湯を張ってオーブンの下段に入れて最高温度に予熱しておき、29を入れて250℃で約30分焼く。焼き上がったらクーラーにのせて冷ます。

> スチームのおかげでクープがきれいに割れて膨らみ、焼き色にもつやが出ます。

Chef's voice

「田舎パン」という名前のとおり、パン・ド・カンパーニュは小麦の風味やほんのりすっぱい発酵の香りがする素朴なパンです。一般的に小麦粉にライ麦粉を混ぜ、天然酵母種を使ってゆっくり発酵をとり、大きめのサイズで焼きます。発酵に時間をかけると、パンはもちがよくなります（逆にイーストをたくさん使って短時間で発酵させると、おいしさは長続きしません）。パン・ド・カンパーニュは、きちんと作れば、毎日少しずつ切り分けながら3～4日はおいしく食べられます。ここで紹介した中種を使うレシピでも、翌々日くらいまでは十分おいしいですよ。

CHECK 断面 生地の目が不規則で所どころに大きな気泡があります。

パン・ド・カンパーニュ生地でアレンジ ❶　［くるみとレーズンを入れて］

ノワ・レザン

Pain de campagne aux noix et raisins

フランスでパンのことをたくさん学びましたが、実を言うとブーランジェリーよりも、各地方のレストランで食べた**パンと料理の組み合わせに感動し、影響を受けたことが多い**のです。カンパーニュの生地にクルミとレーズンを入れたこのパンは、リヨンの南、ヴァランスという町の三つ星レストランでパン焼き担当のおじいちゃんに教えてもらったもの。この地方のサン・ネクテールというチーズとの相性が抜群でした。ぜひ一緒に食べてみてください。

材料（6本分）

パン・ド・カンパーニュの生地
　（→p.102）……全量
くるみ……75g
ラム酒漬けレーズン……75g

ラム酒漬けレーズンは、レーズンをさっと湯にくぐらせて湯をきり、ラム酒をふりかけます。ラム酒はレーズンがしっとりする程度の量で。

準備

- くるみは160〜180℃のオーブンで15分ローストする。粗熱がとれたら粗く刻む。
- バットに熱湯をたっぷりと張って、オーブンの下段に入れ、予熱しておく。予熱温度はオーブンの最高温度に設定する。

特に用意するもの

茶こし

作り方の流れ

▼ 中種	◎発酵を2時間とる ◎冷蔵庫で一晩発酵をとる
▼ 生地をこねる	こね上げ温度 25℃
▼ 一次発酵	2時間 (1時間➡パンチ・くるみ、レーズンを入れる➡1時間)
▼ 分割	100g
▼ ベンチタイム	20分
▼ 成形	長さ25cmの棒状
▼ 最終発酵	1時間
▼ 焼成	手粉をふる 230℃　25分 （スチームあり）

作り方

1 「パン・ド・カンパーニュ」（→p.102）**1**〜**22**と同様にする。ただし、パンチのときに生地を広げてくるみとラム酒漬けレーズンをのせ（**a**）、生地で巻き込む。くるみとレーズンが入りきらずこぼれるので、もう一度生地を広げて同様にし（**b**）、きれいに丸くまとめてボウルに戻し（**c**）、さらに一次発酵を1時間とる。

2 100gに6個分割する。転がして細長くまとめ、バットに手粉をふってのせる。バットに手粉をふったポリシートをふわりとかけて、暖かい所でベンチタイムを約20分とる。

3 長さ25cmの棒状に成形する（棒状の成形の仕方はプティ・バゲット（→p.18）の**35**〜**39**を参照）。

4 天板にのせ（**d**）、天板に手粉をふったポリシートをふわりとかける。暖かい所で最終発酵を約1時間とる。

5 バットに熱湯を張ってオーブンの下段に入れ、最高温度に予熱しておく。**4**に茶こしで手粉をふり、230℃のオーブンで約25分焼く。焼き上がったらクーラーにのせて冷ます。

くるみとレーズンはパンチのときに加えます。あくまでパンチのついでに混ぜ込む程度にとどめ、生地をこねないでください。

一度では入りきらないので、もう一度生地を広げてこぼれたくるみとレーズンをのせて巻き込みます。

さらに一次発酵を1時間とります。この間にくるみとレーズンは生地にしっかりなじみます。

棒状に成形。生地からくるみとレーズンが飛び出ていたら、焦げやすいので生地の中に押し込んでください。

パン・ド・カンパーニュ生地でアレンジ❷　[いちじくを入れて]

フィグ
Pain de campagne aux figues

もうひとつパン・ド・カンパーニュの生地によく合うものといえば、ドライいちじくです。生地の⅓量のドライいちじくをたっぷりと入れるので、フルーティで食べがいがあります。いちじくは生地となじみやすいように、少ししっとりとしたセミドライを選びましょう。赤ワインに合い、青カビやウォッシュタイプなど個性の強いチーズや、フォワグラのテリーヌにもぴったりです。プルーンもマリアージュしますので、お好みでいちじくと同量でアレンジしてもOKです。

材料（6個分）

パン・ド・カンパーニュの生地
（→ p.102） …… 全量

セミドライいちじく …… 150g

準備

- セミドライいちじくは1.5cm角にカットする。
- バットに熱湯をたっぷりと張ってオーブンの下段に入れ、予熱しておく。予熱温度はオーブンの最高温度に設定する。

特に用意するもの

茶こし、クープナイフ

作り方の流れ

▼ 中種	● 発酵を2時間とる ● 冷蔵庫で一晩発酵をとる
▼ 生地をこねる	こね上げ温度 25℃
▼ 一次発酵	2時間 (1時間→パンチ・ドライいちじくを入れる→1時間)
▼ 分割	100g
▼ ベンチタイム	20分
▼ 成形	長さ12cmのクッペ形
▼ 最終発酵	1時間
▼ 焼成	● 手粉をふる ● クープを入れる 230℃　25分 (スチームあり)

作り方

1 「パン・ド・カンパーニュ」(→p.102) **1**〜**22**と同様にする。ただし、パンチのときに生地を広げてドライいちじくをまんべんなくのせ（**a**）、生地で巻き込む。一度で入りきらなければ、もう一度生地を広げてこぼれたドライいちじくをのせて同様にし（**b**）、きれいに丸くまとめてボウルに戻し（**c**）、さらに一次発酵を1時間とる。

2 100gに6個分割する。細長くまとめ、バットに手粉をふってのせる。バットに手粉をふったポリシートをふわりとかけ、暖かい所でベンチタイムを約20分とる。

3 長さ12cmのクッペ形に成形する。生地をだ円形にのばし、奥から1/3折りたたみ、右手の腹でよく押してくっつける。もう一度同様に奥から1/3折りたたむ。さらに半分に折りたたみ、とじ目を下にして転がしてフットボール形にする。

4 天板にのせ、天板に手粉をふったポリシートをふわりとかける。暖かい所で最終発酵を約1時間とる。

5 バットに熱湯を張ってオーブンの下段に入れ、最高温度に予熱しておく。**4**に茶こしで手粉をふり、クープナイフで斜めにクープを3本入れる。230℃のオーブンで約25分焼く。焼き上がったらクーラーにのせて冷ます。

ドライいちじくはパンチの時に加えます。あくまでパンチのついでに混ぜ込む程度にとどめ、生地を練らないようにします。

一度で入りきらなければ、もう一度生地を広げてこぼれたドライいちじくをのせて巻き込みます。

さらに続けて一次発酵を1時間とります。

気泡が多く、軽い味わいの高加水パン。
「こねない」生地だから、家庭でのパン作りにイチ押しです。

リュスティック

Pain rustique

練らずに自然に、グルテンをつなげる。

最近のパン業界の流行は、高加水＝生地中の水分量が多いパンでしょう。バゲットの水分はおよそ67％ですが、高加水のパンは80％以上。リュスティックも高加水のパンのひとつで、このレシピでは水分が80％です。

このパンの作り方の特徴はなんといっても、「こねない」こと。材料が少なくてもデリケートな生地ですが、実はもっとも簡単で、家庭で作るのにおすすめのパンがリュスティックなのです。

そもそもパンにはグルテンの形成が欠かせないわけですが、こねるほどにコシがつき、ヒキが強い食感になります。リュスティックはこの対極を狙った製法です。

グルテンはこねればもちろん早くつながりますが、実は小麦粉と水分を混ぜさえすれば、あとは放っておいても時間とともにつながるのです。こねないでできたグルテンはつながりが弱いので、焼き上がったときにサクサクと軽い歯ざわりになります。これで前歯だけでカリカリとかじれる食感が生まれるのです。

しかも、成形もしません。分割だけして、そのままの形で焼成します。だから「リュスティック＝素朴な」と呼ばれるんですね。

3回のパンチが、こねる工程のかわり。

工程は3回のパンチがカギです。パンチといっても、生地をつまんで軽く折りたたむ程度。だから焼き上がりの気泡が大小いろいろで不均一になります。練ってグルテンを強くしていないので、表面の皮は薄くなります。また、こねないほうが小麦粉の風味がよく出ます。こねないのは、このパンの個性にとっていいことずくめなのです。3回のパンチから分割までを効率よくするために使うのがバット。断然このパンが作りやすくなりますよ。

材料（4個分）

- 中力粉（テロワール ピュール）……250g
- インスタントドライイースト……1g
- ぬるま湯（約36℃）……50g
- モルトシロップ……1g
- 塩……5g
- 水……150g

生地に強いコシをつけたくないので、中力粉を使います。フランス産小麦100％で作られているテロワール ピュールで、小麦の風味を出します。

準備

- バットに熱湯をたっぷりと張ってオーブンの下段に入れ、予熱しておく。
- 天板もオーブンに入れて予熱する。
- 予熱温度はオーブンの最高温度に設定する。

特に用意するもの

布（最終発酵に使用）

作り方の流れ

生地をこねる
🌡 こね上げ温度 23℃

▼

一次発酵
🕐 2時間20分
(30分 ➡ パンチ ➡ 1時間 ➡ パンチ ➡ 30分 ➡ パンチ ➡ 20分)

▼

分割
4分割

▼

最終発酵
🕐 1時間

▼

焼成
🌡 250℃　🕐 20分
(スチームあり)

リュスティックの作り方

1　お湯にドライイーストを入れる。

ボウルにぬるま湯を入れ、ドライイーストをふり入れる。

イーストが沈むまでしばらくこのままおきます。特にデリケートな生地なので、ドライイーストをお湯で溶かしてイーストの活動が活発になるよう促します。

2　水に塩を溶かす。

別のボウルに水を入れ、塩を加えて溶かす。

こねる時間が短いので、ドライイースト、塩ともに液体に溶かして混ざりやすくするのがポイント。シンプルな生地なだけに、ここはていねいにします。

3　1を混ぜて溶かす。

1のイーストが沈んだら、泡立て器かフォークでやさしく混ぜて溶かす。

4　イースト液とモルトシロップを混ぜる。

モルトシロップに3のイースト液から少量加えてのばす。これを3のイースト液に加えて泡立て器で混ぜ合わせる。

モルトシロップは粘りがあるので、あらかじめ液体と混ぜてから加えます。

5　粉にイースト液を加える。

別のボウルに小麦粉をふるい入れ、4のイースト液を加える。

6　粉と水分をあらかた混ぜる。

ゴムべらでやさしく混ぜ、粉に水分を行きわたらせる。

練らないでください。

7 塩水の半量を加えて混ぜる。

粉と水分があらかた混ざったら、2の塩水の半量を加えて混ぜる。

こねる工程が短時間なので、イーストと塩が触れたままになって発酵に影響が出ないように慎重に分けて加えます。

8 残りの塩水を加える。

粉に水分が吸われたら、残りの塩水も加える。

9 均一に混ぜる。

ダマがなくなるまで混ぜる。

コシがつきはじめる前に、手早く混ぜ終えてください。あくまで「混ぜるだけ」です。

10 こね上げ温度は低めの23℃。

こね上げ温度を計る。23℃が理想的。

この後3回パンチをしながら生地を作るため、生地を何回もいじる＝温度が上がることを計算して、こね上げ温度を低めにしておきます。

11 バットに移し、一次発酵をとる。

バットに手粉を薄くふり、生地を入れる。手粉をふったポリシートをふわりとかけ、暖かい所で一次発酵を計2時間20分とる。

水分が多い生地でゆるく、粘りもあります。ここでボウルからバットに移します。

12 30分経過。

30分経過したら、1回めのパンチをする。

パンチは1次発酵開始から30分後、さらに1時間後、さらに30分後の計3回します。

13 1回目のパンチをする。

指先で生地の縁をつまみ、中心に向かって折りたたむ。

発酵前よりも生地がなめらかにつながっています。生地がベタつくようなら、まめに指先に手粉をつけてください。

14 生地を折りたたむ。

均等に8ヵ所くらいから折りたたむ。

15 平らに整える。

軽く生地を平らにならす。

リュスティックの作り方

16 さらに発酵をとる。

バットにポリシートをふわりとかけ、さらに発酵をとる。

> パンチの回数を経るごとに、生地の状態が変わっていきますよ。

17 16から1時間が経過。

16から1時間経過したら、2回目のパンチをする。

> 生地は膨らみ、さらになめらかに、よくつながっています。

18 2回目のパンチをする。

13〜15と同様にして生地を縁から中央に向かって折りたたむ。

> だいぶ生地らしくなってきましたが、まだゆるく粘りがあります。

19 生地を折りたたむ。

均等に7ヵ所くらいから折りたたむ。

> パンチは回数、力の入れ方ともにだんだん軽くしていきます。コシがついてきて、ゆるめの生地になっています。

20 平らに整える。

軽く生地を平らにならす。

21 さらに発酵をとる。

バットにポリシートをふわりとかけ、さらに発酵をとる。

22 21から30分が経過。

21から30分経過したら、3回目のパンチをする。

23 3回目のパンチをする。

13〜15と同様にして生地を縁から3ヵ所くらい折りたたむ。

> コシがだいぶついているので、カードで生地をバットからはがすようにして折りたたむと作業しやすいです。

24 平らに整える。

軽く生地を平らにならす。

25 さらに発酵をとる。

バットにポリシートをふわりとかけ、あと20分発酵をとる。

26 25から20分経過、一次発酵終了。

一次発酵が終了した状態。

適度なコシもついて、きちんとした生地になりました。

27 台に出す。

バットを逆さにして生地を台に出す。

ガス抜きはせず、このまま分割します。

28 4分割する。

台に出したときの上面を内側に包み込みながら、適度に長方形に形を整える。カードで4つに分割する。

1個は約110gです。カットするだけで形は整えません。

29 最終発酵を1時間とる。

天板などに布を敷き、手粉をたっぷりとふり、生地を上下に返して置く。生地の両側の布を寄せる。上にふわりとポリシートをかけ、暖かい所で最終発酵を約1時間とる。

30 スチームを入れ250℃で20分焼く。

バットに熱湯を張ってオーブンの下段に入れ、最高温度に予熱しておく。予熱した天板に生地をのせ、250℃で約20分焼く。焼き上がったらクーラーにのせて冷ます。

可能ならば270℃で焼いてください。

CHECK

断面 大きめな不規則な気泡と、薄くカリカリに焼けた皮が特徴。

リュスティック生地でアレンジ ［ドライフルーツを入れて］

リュスティック・フリュイ・デ・ボワ
Pain rustique aux fruits des bois

リュスティックの生地は、大きな気泡があって軽い口当たりが身上なので、中には何も入れないほうがこのパンの個性をより楽しめます。でもこのシンプルで小麦粉の風味がいいパンに、オレンジピールとカシューナッツを組み合わせるのはおすすめ。クランベリーも合いますよ。
これらを入れる場合は、1回めのパンチのときに混ぜ込むのがポイント。あとの工程で入れると、せっかくできた生地の気泡を具がつぶしてしまうからです。

材料（4個分）

リュスティックの生地（→p.112） …… 全量
オレンジピール（ダイス）…… 50g
コアントロー …… 5g
カシューナッツ …… 50g

準備

- バットに熱湯をたっぷりと張ってオーブンの下段に入れ、予熱しておく。天板もオーブンに入れて予熱する。予熱温度はオーブンの最高温度に設定する。
- カシューナッツは160〜180℃のオーブンで15〜20分ローストし、粗めに刻む。
- オレンジピールとコアントローを混ぜる。

作り方の流れ

▼ 生地をこねる　こね上げ温度 23℃

▼ 一次発酵　2時間20分
（30分➡パンチ・オレンジピールとカシューナッツを混ぜる➡1時間➡パンチ➡30分➡パンチ 20分）

▼ 分割　4分割

▼ 最終発酵　1時間

▼ 焼成　250℃　20分（スチームあり）

作り方

1 「リュスティック」（→p.112）**1**〜**30**と同様にする（**d**〜**f**）。ただし、**13**の1回めのパンチのときに、オレンジピールとカシューナッツを生地の上にのせてパンチをする（**a**〜**c**）。

a 1回目のパンチのときに、生地の上にオレンジピールとカシューナッツをのせて混ぜ込みます。

b 基本のリュスティックと同様にして生地の縁をつまんで折りたたみます。オレンジピールとカシューナッツを混ぜ込むことを意識しすぎて余計に折りたたんだりせず、これはあくまでパンチの工程だということを忘れないでください。

c この後さらに2回パンチをするので、ここではまんべんなく混ざらなくてもOKです。

d 3回のパンチをして一次発酵を終了した生地を、バットを逆さにして台に出します。生地は発酵をとる前とはちがい、柔らかめでもコシがついています。

e カードで4等分に分割します。1個は約140gです。

f 布の上で最終発酵をとり、焼成します。

藤森シェフおすすめ！
パンのおとも

キャラメルりんごの コンフィチュール
Confiture de pomme au caramel

りんごの季節に作ってもらいたいコンフィチュールです。
キャラメルのコクが味わいのポイント。

材料（120ml容量の瓶10個分）

A
- りんご …… 8個（1kg）
- グラニュー糖 …… 250g

B
- グラニュー糖 …… 500g
- 水 …… 400g

C
- グラニュー糖 …… 250g
- ペクチン（市販）…… 8g

準備
- 保存用の瓶を熱湯で煮沸消毒し、逆さまにして自然乾燥させる。

作り方

1 りんごは皮をむいて芯を取り、細かく刻む。

2 鍋に**1**と**A**の砂糖を入れて火にかけ、少し色づいてりんごが柔らかくなるまで煮つめる。そのまま一晩おく。

3 翌日、別の鍋に**B**を入れて火にかけ、ゴムべらで混ぜながら茶色くなるまで煮つめてキャラメルを作る。

4 **3**に**2**を加える。

5 **C**の材料を混ぜ合わせ、**4**に加えて混ぜ合わせる。さらに好みの加減に煮つめる。

6 **5**が熱いうちに保存用の瓶の口ギリギリまで入れ、ふたを閉めて逆さまにして1日おく。鍋に瓶の高さの1/3まで水を入れて沸かし、瓶を逆さまのまま入れて20分煮たてて煮沸殺菌する。

僕の店では、パンに合う手作りコンフィチュールやリエットなど、
季節や気分によってさまざまな味わいのものを作っています。
パン作りの合間にも作れますので、是非手作りしてみてください。
こういう加工品があると、パンを囲むテーブルがいっそう楽しくなります。

豚のリエット
Rillettes de porc

フランスらしいこの一品も、実はけっこう簡単。
脂を上に流して密閉するので、冷蔵庫で1か月ほど保存可能です。
スライスしたバゲットやパン・ド・カンパーニュを添えてどうぞ。

材料（直径6cmココット約12個分）

豚肩ロース肉 …… 500g
塩 …… 6g
白こしょう …… 3g
砂糖 …… 3g
玉ねぎ …… ½個
にんにく …… 1かけ
ラード …… 25g＋380g
白ワイン …… 200ml
タイム …… ½枝
ローリエ …… ½枚

作り方

1. 豚肩ロース肉は5cm角に切り、塩、白こしょう、砂糖をまぶして一晩マリネする。

2. 玉ねぎは半分に切ってから繊維にそって薄くスライスする。にんにくはつぶす。

3. フライパンを熱してラード25gを入れ、2を加えて色をつけないように炒める。

4. 1を加え、表面に火が通ったら、白ワインとラード380gを加える。あくをとり、タイムとローリエを加える。とろ火にし（85℃くらいを保つ）、4時間半ほど煮る。

5. 4から上部の澄んだ脂を⅓量取り分ける。残りは肉と脂に分け、肉は軽くほぐす。

6. 脂をボウルに入れ、氷水にあててゆっくりと混ぜる。柔らかいクリーム状になったら、5の肉を加えてゆっくりと均一になるまで混ぜる。

7. ココットに6を空気が入らないように詰め、取り分けた脂を上に流す。

ブーランジェリーで人気のお菓子

僕の店では、フランスの地方菓子や焼き菓子なども並べています。
ラスク、そしてフランスのブーランジェリーでは必ず見かけるシュケットなど、
パン屋さんの人気のお菓子をご紹介します。

ラスク2種
Rusk

黒糖とキャラメルの2種類のラスク。
バゲットを使い、切り方を変えて工夫しています。
ティータイムのおともや、持ち寄りのおやつとしてどうぞ。

黒糖ラスク
Crouton rusk au sucre noir

材料
バゲット …… ½本
バター（食塩不使用） …… 50g
黒糖（粉末） …… 70g

準備
◉ 天板にオーブンシートを敷く。

特に用意するもの
オーブンシート

作り方

1　バゲットは1〜1.5cm角に切る。

2　鍋にバターを入れて火にかけ、鍋をたえずゆらしながら煮つめ、濃いめの茶色になるまで焦がす。火からおろして粗熱を取ってから、黒糖を加えてゴムべらでよく混ぜ合わせる。

3　2に1のバゲットを入れて混ぜ、しっかりと染み込ませる。

4　天板に3を重ならないように広げる。120℃のオーブンに入れ、40分〜1時間かけて乾燥させるように焼く。

キャラメル・ラスク
Rusk caramel

材料
バゲット …… ½本
バター（食塩不使用） …… 100g
グラニュー糖 …… 75g

準備
◉ バターを常温に戻す。
◉ 天板にオーブンシートを敷く。

特に用意するもの
パレットナイフ、オーブンシート

作り方

1　バゲットは厚さ2〜3mmに切る。

2　ボウルにバターを入れ、泡立て器で混ぜて柔らかいクリーム状にする。

3　グラニュー糖を加えてよくすり混ぜる。

4　1に3をパレットナイフで端まで薄く塗る。

5　天板に並べ、160℃のオーブンで10〜12分焼く。

ブーランジェリーで人気のお菓子

材料（約50個分）
- 牛乳 …… 150g
- バター（食塩不使用）…… 60g
- 砂糖 …… 4g
- 塩 …… 4g
- 準強力粉（リスドオル）…… 90g
- 卵 …… 約3個
- オレンジフラワーウォーター（→p.71）…… 3g
- あられ糖 …… 適量

準備
- 卵は常温に戻しておく。
- 天板にオーブンシートを敷く。

特に用意するもの
オーブンシート、絞り袋、丸口金（口径7mm）

シュケット
Chouquette

クリームを絞らない、プティサイズの皮だけのシューです。生地の練り込みの最後にオレンジフラワーウォーターを入れ、香りよく仕上げます。お菓子なのに、フランスのブーランジェリーでは、なぜかシュケットが定番商品。焼きたてが次から次へと店頭に出てきて、まだほんのりと温かいうちに、店頭に出た端から売れていくのが日常的な光景です。あられ糖が一部だけ溶けてキャラメル化し、香ばしくカリカリとした軽い歯ごたえになります。

作り方

1 鍋に牛乳とバター、砂糖、塩を入れて強火にかける。

2 **1**が沸騰したら、すぐに火を止める。小麦粉を一度に加え(**a**)、木べらで均一になるまで手早く練り混ぜる。

3 鍋を火にかけ、木べらで切るようにしながら練り混ぜる。なめらかになり、粘りとつやがでたら(**b**)、火からおろしてボウルに移し入れる。

4 卵を溶きほぐし、**3**に5回に分けて加えていく。加えるたびに、泡立て器でよく混ぜる(**c**)。

5 卵は20mlくらいを調整用に残して最後の分を加える。すくってたらすと、リボン状になめらかに落ちる気持ち手前くらいの固さを目安にする(**c**)。

6 最後にオレンジフラワーウォーターを加えて混ぜる。

7 絞り袋に丸口金をつけ、**6**を入れる。天板に直径2cmに絞り出す。

8 天板の上から全体にあられ糖をたっぷりとふりかけ(**d**)、天板を両手で持ってゆらし(**e**)、あられ糖を生地につける。天板を傾けて余分なあられ糖を落とす(**f**)。

9 180℃のオーブンで約26分焼く。

この分量ならば、直径15cm程度の小さめの鍋が生地を練りやすいです。

生地を木べらでつぶすと、すっと切れる状態まで練り込んでください。切れた面がなめらかでつやがあればいいので、すぐに火からおろします。

卵は5回に分けて加えます。卵を加えてすぐは少し分離したようになりますが、練り込むとなめらかにつながります。ハンドブレンダーやフードプロセッサーを使ってもOK。ゴツゴツした焼き上がりにしたいので、生地はあまりソフトにしないほうがいいです。泡立て器ですくってたらすと、逆三角形を描いて生地がたれ、下にゆるく跡が残るくらいの固さを目指してください。

あられ糖はたっぷりとふりかけます。

天板を大きくゆすると、生地にあられ糖がくっつきます。

天板を傾けて余計なあられ糖を落とします。生地は絞った後に冷凍保存も可能。オーブンシートなどに絞って凍らせたら、シートからはずしバラバラとジッパー付き保存袋に入れて冷凍を。天板上で解凍し、あられ糖をふってから焼成してください。

ブーランジェリーで人気のお菓子

パン・デピス
Pain d'épices

何種類ものスパイスを粉に混ぜて作るパン・デピス。甘いようなスパイシーなような、えもいわれぬおいしさを醸し出しますが、僕のレシピでは本場フランスよりもスパイスの香りをマイルドにし、誰にでも食べやすいようにアレンジしています。食感も独特で、たっぷりと入れるはちみつのおかげでどっしり、ねっちりします。ドライフルーツをのせてリッチに仕上げましたが、生地だけで焼いてもおいしいです。

材料（8個分）

- 薄力粉 …… 175g
- ライ麦粉 …… 75g
- ベーキングパウダー …… 5g
- ┌ ジンジャー …… 3g
- │ シナモン …… 3g
- │ アニス …… 1g
- │ カルダモン …… 1g
- │ ナツメグ …… 1g
- └ オールスパイス …… 1g
- 卵 …… 2個
- カソナード …… 75g
- はちみつ …… 200g
- バター（食塩不使用） …… 100g
- オレンジ（スライスを4等分）…… 8切れ
- プルーン …… 4個
- ドライいちじく …… 4個
- レーズン …… 32個
- オレンジピール（ダイス）…… 適量
- アーモンド（半割）…… 8個
- くるみ（半割）…… 8個
- ピスタチオ …… 8個
- ナパージュ（上がけ用）…… 適量

> スパイス6種類はすべてパウダーを使います。飾りのドライフルーツは、お好みのものでどうぞ。

準備
- バターを溶かす。
- プルーン、ドライいちじくは半分に切る。

特に用意するもの
8cm×3.5cm×高さ2.5cmのパニムール8個（同じくらいの大きさのパウンド型で焼いてもOK）

作り方

1. 薄力粉とライ麦粉、ベーキングパウダー、スパイス6種類を合わせてふるう（ a ）。

2. ボウルに卵とカソナードを入れ、カソナードが溶けるまで泡立て器で混ぜる。はちみつも加えて混ぜる（ b ）。

3. 1を2回に分けて加えて混ぜる（ c ）。

4. 溶かしバターを加えて混ぜる（ d ）。

5. パニムールに90gずつ入れる（ e ）。

6. 180℃のオーブンで計25分焼く。途中15分たったらいったん取り出し、上部に包丁で切り目を1本入れる（ f ）。オレンジ1切れ、プルーン1切れ、ドライいちじく1切れ、レーズン4個、オレンジピール1つまみ、アーモンド1個、くるみ1個、ピスタチオ1個をのせる（ g ）。さらに約10分焼く。

7. 冷ましてから、ナパージュを表面全体に塗る（製品の説明の通りに加熱するなどの準備をする）。

粉とスパイス6種類を合わせてふるいます。ライ麦粉がスパイスのえぐみを緩和します。

はちみつがたっぷり入ります。泡立て器でしっかり混ぜます。

基本的に材料を順に加えていくだけの簡単な作り方。材料を加えるたびになめらかになるまで混ぜればOKです。

途中粘って固めの生地になりますが、最後に溶かしバターを加えると少しのびてゆるくなります。

粘りのある生地なので、すくい落とすようにして型に入れます。

焼成途中、15分ほどして中央が盛り上がってきたら、オーブンを開けてプティナイフで切り目を入れます。こうすると中まできちんと火が通りやすくなります。

ドライフルーツを手早く彩りよくのせ、オーブンに戻しましょう。仕上げのナパージュはつや出しと乾燥防止のために塗ります。

藤森二郎 （ふじもり・じろう）

1956年東京・目黒生まれ。明治学院大学法学部卒業後、パティスリーを経て、パンの魅力に魅せられフィリップ・ビゴ氏に弟子入り、ブーランジェへと転身する。1989年に独立し、「ビゴの店」鷺沼店（神奈川・鷺沼）をオープン。2011年にオープンした「モン・ペシェ・ミニョン」（鎌倉・雪ノ下）を含む、現在5店舗のシェフ。2006年フランス政府より、フランス農事功労章シュヴァリエを日本人ブーランジェとして初受章。パン作りに対する真摯な姿勢と、明るく気さくな語り口で、テレビ、雑誌、イベントなど多方面でエネルギッシュに活躍中。『『エスプリ・ド・ビゴ』のホームベーカリーレシピ』（小社刊）など著書多数。
お店の最新情報はHP ➡ http://www.bigot-tokyo.co.jp/

撮影 ■ 日置武晴
デザイン ■ 河内沙耶花（mogmog Inc.）
取材・構成・スタイリング ■ 横山せつ子
校正 ■ 株式会社円水社
製パンアシスタント ■ メルシー・ヨモギ（蓬畑直紀／エスプリ・ド・ビゴ）
編集 ■ 小栗亜希子

一流シェフのお料理レッスン
「エスプリ・ド・ビゴ」藤森二郎のおいしい理由。

パンのきほん、完全レシピ

発行日　2016年4月25日　初版第1刷発行
　　　　2020年7月5日　　第4刷発行

著者　　藤森二郎
発行者　秋山和輝
発行　　株式会社世界文化社
　　　　〒102-8187 東京都千代田区九段北4-2-29
　　　　電話　03-3262-5118（編集部）
　　　　　　　03-3262-5115（販売部）
印刷・製本　共同印刷株式会社

Ⓒ Jiro Fujimori,2016.Printed in Japan
ISBN 978-4-418-16312-0

無断転載・複写を禁じます。
定価はカバーに表示してあります。
落丁・乱丁のある場合はお取り替えいたします。

［オーブン撮影協力］
東芝ホームテクノ株式会社
（お問い合わせ）東芝ライフスタイル株式会社
お客様サポート
☎0120-1048-76
http://www.toshiba-tht.co.jp

［型・道具類撮影協力］
吉田菓子道具店
☎03-3841-3448